EXAMEN

DES

CRITIQUES

du Livre intitulé

DE L'ESPRIT.

R.

LONDRES.

M D C C L X.

AVERTISSEMENT.

LEs cris qui ont éclaté l'an paſſé contre le *Livre de l'Eſprit*, m'ont engagé à ſuivre les critiques qu'on a faites de cet ouvrage. Je l'avois lû d'abord avec le plaiſir que donnent des idées grandes & fortes, ſoutenuës d'un ſtile poëtique & majeſtueux. Il me paroiſſoit d'ailleurs dicté par une humanité profonde, & une bienveillance univerſelle, qui ne me laiſſoient pas ſoupçonner dans l'Auteur des intentions repréhen-

 ſibles.

fibles. Cependant les accufations qu'on intentoit contre ce livre, devinrent publiques & fe multiplièrent. Leur force, & la réputation de quelques-uns des accufateurs, excitèrent les Chefs de l'Eglife, & foulevèrent même les Tribunaux fouverains. Tant de préfomptions réunies me mirent en défiance fur ce que j'avois penfé d'abord : mais comme mille circonftances, fouvent étrangères à la vérité, peuvent influer fur ces jugements, j'abandonnai mon opinion fans en prendre une nouvelle, & je réfolus de foumettre à la coupelle de l'examen la première impreffion que j'avois reçuë. Cette précaution

étoit

étoit d'autant plus néceſſaire, que les accuſations de matérialiſme, d'athéiſme &c. ne portent pas ſur le ſeul *livre de l'Eſprit* ; elles envelopent les ouvrages de la plus grande partie des Sçavans de France. Si l'on en croit les critiques, ces hommes fiers d'une ſcience qui enyvre ont formé le complot d'anéantir la Religion ſainte : une incrédulité tantôt maſquée, tantôt ouverte, eſt l'ame de tous leurs écrits : ces nouveaux Encelades ne ſçauroient être trop tôt frappés de la foudre.

La raiſon & la ſcience ſeroient des dons bien funeſtes, ſi elles conduiſoient à priver les hommes des avantages que la Reli-

A 3

gion

gion Chrétienne est venuë apporter sur la terre : mais si quelques particuliers ont abusé des
talents que Dieu ne leur avoit
départis que pour sa gloire, c'est
leur crime, & non celui de la
Philosophie. Cependant il faut
être en garde contre ces accusations d'incrédulité, qu'un zèle a-
veugle ou un intérêt profane ont
souvent prodiguées. Elles tendent
à détruire la confiance que nous
devons avoir dans la lumiére naturelle & la raison que Dieu nous
a données pour nous conduire.
Tous les Chrétiens vrayement
religieux doivent être pénétrés de
reconnoissance à l'égard de ces
hommes profonds qui se sont

con-

confacrés à balayer les erreurs de la
Philofophie, & à nous ouvrir les
routes de l'évidence. Dans les fiècles groffiers la Religion divine
n'eft dans tous les efprits qu'une
infpiration de préjugé, & un effet auffi aveugle qu'heureux de
l'habitude. Mais lorfque le progrès naturel des chofes a rendu
les lumiéres communes à un plus
grand nombre, la Religion devient une affaire de conviction
pour les bons efprits, & il faut
qu'ils foient conduits par l'évidence des vérités naturelles à la
certitude des vérités révélées.
Rien n'eft donc plus dangereux
que d'obfcurcir les vérités naturelles, puifqu'elles font le feul

A 4

fon-

fondement légitime qui puiffe affurer le confentement qu'on doit aux autres. C'eft à quoi ne penfent pas affez ceux qui embrouillent la Philofophie par des idées chimériques, contre lefquelles dépofe notre fentiment intime bien obfervé.

On ne fait pas moins de tort à la Religion divine en accufant légérement d'incrédulité des hommes dont les talens honorent & & fervent la patrie, & que leurs vertus rendent chers à la focieté. Il femble qu'on ait pris à tâche d'établir que tous les Sçavans font Athées ou Déiftes, & que le don de la foi n'eft accordé qu'aux ignorans & aux imbécilles.

cilles. Mais le comble du blaf-
phême, c'eſt d'employer, pour
défendre l'éternelle vérité, les armes propres du menſonge, une
adreſſe frauduleuſe, des imputations téméraires, & enfin la perſécution.

Tous ces moyens, dira-t-on,
n'ont point été employés pour décrier *le livre de l'Eſprit*. Les
Tribunaux, les Paſteurs, les Docteurs ont juſtifié les critiques
qu'on en a faites ; mais l'expérience de tous les tems ne prou-
ve-t-elle pas que la raiſon a encore des droits ſur les choſes qui
paroiſſent jugées ? Tel eſt ſon
privilége, qu'elle ne peut être ſou-
miſe à aucune autorité qu'à celle

A 5   de

de la révélation. Les Tribunaux
souverains ont, rélativement aux
écrits philofophiques, des raifons
de gouvernement & de police
qui s'étendent au-delà des lumiéres des auteurs & des lecteurs.
On doit révérer très fincérement
la fageffe qui dicte leurs arrêts.
Mais ces jugements ne portent
certainement pas fur les vérités
indéfectibles par elles-mêmes, &
dont il faut féparer les applica-
tions qu'on peut en déduire fauf-
fement, rélativement à la conftitution actuelle des focietés. Ces
vérités ne perdent point leur caufe dans des jugémens rendus pour
maintenir l'ordre & la juftice. Les
tribunaux ne qualifient pas de

maté-

matérialistes des hommes bornés aux décisions de l'Eglise sur la connoissance de l'immatérialité de l'ame, que la révélation a élevée au-dessus de la raison.

Le jugement des Pasteurs mérite aussi tous nos respects. Cependant comme il est arrivé que quatre-cent Evêques assemblés à Rimini se trompèrent sur un des dogmes les plus importans de la foi, il est possible que quelques Pasteurs, même éclairés, se méprennent sur la distinction qui doit séparer les opinions philosophiques d'avec les dogmes de la Religion. La sollicitude pastorale a droit sans doute de s'effrayer de tout ce qui peut donner atteinte à la tranquillité du troupeau de Jesus - Christ. Plus cette inquiétude est tendre, & plus elle doit prendre aisément l'allarme ; mais par cette raison - là même il peut arriver que sa frayeur confonde les objets, & qu'elle voye des monstres, où un intérêt plus tranquille ne feroit rien appercevoir. L'autorité des Docteurs est encore d'un grand poids dans les décisions théologiques. Quoique leur jugement ne soit pas lui-même infaillible, il y auroit au moins de l'imprudence à refuser d'y souscrire : mais l'autorité n'influe en rien sur ces opinions qui sont du ressort de l'évidence. C'est le patrimoine de la Philosophie,

&

& on ne peut se servir pour l'attaquer que des armes avec les-
quelles elle a droit de le défendre. J'ai donc cru pouvoir examiner quelques opinions philosophiques qu'adopte la Faculté de
Théologie de Paris, & qu'elle n'a
pas dessein sans doute de nous
faire révérer comme articles de
foi. Mais je ne me propose pas
de justifier *le livre de l'Esprit* contre les censures fondées sur des
interprétations arbitraires de pas-
sages que cette Faculté a jugé à
propos de détacher d'un systême
politique qui en détermine la véritable signification. L'expérience ne prouve que trop que l'observation des devoirs imposés aux
hom-

hommes par la Nature & le bon ordre rélatif aux societés, n'a pû être affurée que par des loix politiques, & par la fanction néceffaire à ces loix. Cette vérité eft la bafe & l'objet *du livre de l'Efprit.* La Faculté de Théologie de Paris a envifagé les fentimens de l'Auteur fous des points de vüe différens. Elle a fait abftraction en les examinant de toute légiflation & de toute conduite politique (ce qui n'exifte pas dans la Nature) & elle les a condamnés felon fes interprétations. Dans ce fens on peut, fans préjudicier à la vérité, adhérer pieufement à la cenfure de la Faculté : on le doit, furtout

en

en ce qui concerne *l'essence* & les notions *abstraites* du juste & de l'injuste. Mais il ne faut pas confondre *l'essence* avec les notions qu'on pourroit appeller pratiques, & qui varient dans l'ordre politique, selon les rapports essentiels que le juste & l'injuste, le bien & le mal peuvent avoir avec la constitution morale & physique des societés. Ces notions bien apperçües deviennent la base de toute bonne Législation, quoiqu'elles paroissent opposées aux notions abstraites auxquelles la Faculté s'est bornée dans ses décisions.

Je ne peux me dispenser de faire quelque attention à une

nou-

nouveauté que j'ai remarquée dans la cenfure de la Faculté de Théologie de Paris, & qui ne paroît pas avoir pour objet l'inftruction des fidèles.

Que fignifie cet amas d'opinions vrayes ou fauffes, abfoluës ou tronquées, rélatives à différents plans de doctrines religieuſes ou impies, extraites d'auteurs de différens pays & de Religion différente ? Que véut dire cet affemblage d'incrédules, d'ennemis déclarés de toute Religion, & leur mélange avec des Philoſophes Chrétiens explicitement & formellement foumis à la révélation ? En quoi des opinions notoirement impies reffemblent-

elles

elles à d'autres qu'on affecte de confondre avec elles, quoiqu'elles foient autorifées par la Doctrine de l'Eglife, des Pères, des Théologiens orthodoxes & des écoles Chrétiennes? Afin de rendre ces citations également odieufes, on les annonce par un préambule chargé de déclamations contre la Philofophie, & foutenües d'un ton d'autorité auffi déplacé dans la recherche des vérités foumifes à l'examen de la raifon, qu'étranger à l'évidence des preuves fondamentales de la vraye Religion. La Faculté de Théologie fait les plus grands efforts pour indifpofer l'autorité fouveraine contre les Philofophes, par

des

des imputations injuftes: je dis injuftes, parce que je ne la crois pas affez attachée aux principes de HOBBES & de MACHIAVEL, pour méconnoître les droits facrés de la nature & des gens. Elle n'ignore point que ce ne font pas des Philofophes que l'hiftoire fait paroître fur le théâtre dans les révolutions, dans les révoltes, dans les entreprifes contre l'autorité légitime. La Faculté connoit les acteurs qui y ont joué le plus grand rôle, & on fçait combien les fiècles d'ignorance leur ont été favorables.

Mais cette collection confufe d'opinions extraites de doctrines fi incompatibles auroit-elle pour

ob-

objet d'infinuer que *l'auteur de l'Efprit* s'eft livré à tous ces fenti-mens contradictoires ? La Faculté de Théologie eft trop équitable pour que je me fixe à cette imputation. Le point de réunion qui paroît l'avoir déterminée, c'eft le filence fur les idées innées, qui eft commun à tous ces auteurs, & à celui du *livre de l'Ef-prit.* Mais tout le monde ne peut pas appercevoir comme la Faculté l'évidence de ces idées : elles ne font pas un article de foi ; elles paroiffent bannies des écoles Chrêtiennes les plus refpectables ; & elles font combattues par les Théologiens Catholiques les plus éclairés. Parmi les différentes cri-tiques

tiques qui ont été faites du *livre de l'Esprit*, j'ai choisi celle du *Journaliste de Trévoux*, soit à cause des égards que personnellement il mérite, soit parce que les autres n'ont fait que répéter ce que d'abord il avoit jugé répréhensible. Les accusations qu'il a intentées contre le *livre de l'Esprit* sont les plus graves dont un livre puisse être chargé. Il a cru même devoir invoquer l'autorité contre l'auteur, & c'est ce qui prouve la vivacité de son zèle. C'est donc sur sa critique que j'ai fait mes réflexions, qui n'ont pour but que de nous éclairer mutuellement avec fraternité & charité.

.Pour

Pour remettre avec facilité sous
les yeux du lecteur les objets pré-
cis de cette grande querelle, je
commence par lui offrir un extrait sommaire du *livre de l'Efprit*, dans lequel j'ai tâché de faifir & d'exprimer avec l'impartia-
lité la plus complette le véritable efprit du livre. J'ai placé a-
près cet extrait l'idée que le *Journalifte de Trévoux* a donnée de
ce même livre *au mois de Septembre* 1758. Une lettre adreffée au
Journalifte vient à la fuite de fa
notice. Je la joins ici d'autant
plus volontiers qu'elle n'a prefque pas été publique, & que j'ai
eu beaucoup de peine à me la procurer. Le *Journalifte* a rendu
compte

compte de cette lettre. C'eſt ſon extrait qui me l'a fait connoître, & qui a donné occaſion aux re-marques qui font la plus grande partie de ce petit recueil. Je n'ai pas crû devoir rappeller ici les grandes analyſes que le *Journa-liſte de Trévoux* a faites du *livre de l'Eſprit*, & qu'il appelle auſſi ſes reclamations littéraires. Il m'a paru que le ton de ces critiques pourroit révolter les gens ſages, & c'eſt ce que je ne voulois pas. Ces excès polémiques, qui échap-pent apparemment dans le tems où les eſprits ſont en fermenta-tion, rendent toujours ſuſpect un critique, & même le décréditent, lorſque le calme des paſſions a

ren-

rendu à la raison tout son usage. Quels que soient les motifs de cette chaleur, elle nuit infiniment à la vérité, dont la découverte devroit être le but de toutes les disputes. Les vérités philosophiques sont après celles de la vraye Religion le dépôt le plus sacré que l'on puisse conserver aux hommes. On peut dire même que c'est aux Philosophes à nous conduire au pied des autels, à nous prouver avec évidence la nécessité & la certitude de la révélation, à disposer par la raison tous les hommes raisonnables à se soumettre aux dogmes de la foi. Mais on n'arrivera pas à l'évidence en commençant par ad-

mettre

mettre des idées innées qu'on n'entend point, ou en voulant démontrer par des preuves futiles des myſtères incompréhenſibles. Les foibles défenſeurs de la Religion, qui veulent prouver tout ce qu'il faut croire, font dès incrédules de tous les petits eſprits qui peuvent répondre à leurs argumens. On fait un Journal pour établir des preuves périodiques de la Religion; on lui conſacre de nombreux volumes qui ont l'air d'être l'ouvrage du délire & de l'imbécillité. N'eſt-ce donc plus cette Religion ſainte annoncée d'un ton ſublime par les Prophêtes & ſcellée du ſang des Martyrs? Mais raſſurons nous:

les

Les portes de l'Enfer ne prévaudront point contre elle. Elle triomphera également des efforts de ses ennemis, & de la foiblesse de ceux qui s'en font gratuitement les appuis.

Parmi ces derniers, s'il en est beaucoup d'hypocrites, il en est aussi quelques-uns dont la bonne foi est respectable ; je n'écris que pour eux. Quoique je ne pense pas que *le livre de l'Esprit* enseigne le matérialisme ni le mépris de la Religion sainte, je suis fort éloigné d'être toujours de l'avis de l'Auteur. Peut-être quelque jour, si mes infirmités me le permettent, entrerai-je en lice avec lui sur plusieurs points

 traités

traités dans son ouvrage. Je crois qu'il s'est quelquefois trompé; mais son livre contient certainement un grand nombre de vérités dictées par l'amour des hommes, & qui peut-être seront utiles à ceux mêmes qui l'ont déchiré. On n'a pas craint de lui reprocher cette bienveillance générale, qui est le plus noble sentiment dont un homme puisse être animé. On lui a fait un crime du mépris dont il a couvert les pratiques superstitieuses des fausses Religions, qui font le malheur & la honte de ceux qu'elles tyrannisent. Il pourroit dire des écrivains qui l'ont attaqué ce qu'un Philosophe célèbre dit de ses adversaires.   » Ils

» Ils s'attachent moins à prou-
» ver leur thèfe qu'à éluder les
» raifons dont on les accable,
» femblables à ces faux témoins,
» Grecs de nation, defquels Ci-
» CERON a fi bien dépeint le cara-
» ctère : *Nunquam laborant quem-*
» *admodum probent quod dicunt,*
» *fed quemadmodum fe explicent*
» *dicendo.* Ainfi je prévois que
» s'ils me répondent ils laifferont
» mes principales difficultés, &
» chercheront fi je me fuis trom-
» pé en quelque lieu, fi j'ai fait
» quelque remarque qui foit un
» faux raifonnement, fi mes prin-
» pes ont des conféquences ab-
» furdes. S'ils ne font que cela,
» je leur déclare de bonne heure

 » que

» que je ne me tiendrai pas pour
» refuté, ni ma cauſe moins vi-
» ctorieuſe dans le fonds ; car la
» victoire d'une cauſe ne ſe perd
» pas parce qu'il eſt arrivé à un
» Avocat de ne raiſonner pas
» toujours juſte , d'avoir des pen-
» ſées en un lieu qui ne ſont pas
» tout - à - fait la ſuite de celles
» qu'il a eües dans un autre , de
» pouſſer trop loin en quelques
» endroits ſa pointe , de s'égarer
» quelquefois : tout cela m'eſt
» arrivé peut-être ; mais comme
» nonobſtant ces défauts , qui ne
» ſont que ceux de la perſonne
» du défenſeur, & non pas ceux
» de la cauſe , je crois avoir dit
» des choſes qui établiſſent incon-
» teſta-

» testablement ce que j'ai vou-
» lu soutenir ; je déclare encore
» un coup, que si les convertis-
» seurs veulent se justifier, il faut
» qu'ils répondent à ce que je dis
» de fort & de raisonnable, &
» qu'ils n'imitent pas cette mé-
» thode des controversistes, qui
» fait qu'il n'y a point de livre
» si terrassant, contre lequel on
» ne publie des réponses, & qui
» consiste en ce qu'on cherche les
» endroits où un auteur aura mal
» cité un passage, employé une
» raison tantôt d'une manière,
» tantôt d'une autre, & que l'on
» peut retorquer, & commis tels
» autres défauts presqu'inévita-
» bles. Un homme qui sçait ra-

B 3

mas-

» maffer tous ces endroits, & déta-
» cher quelque raifon de ce qui en
» fait l'appui dans les pages pré-
» cédentes, & la véritable fin ou
» allufion auquel l'Auteur l'avoit
» deftinée, fait une groffe répon-
» fe au meilleur livre, laquelle pa-
» roit triompher à ceux qui ne
» comparent pas exactement &
» fans préoccupation les deux
» piéces. Voilà d'où vient qu'on
» répond à tout ; mais à pro-
» prement parler, ce n'eft pas re-
» futer un livre, c'eft laiffer la
» caufe dans les fers, c'eft feule-
» ment faire l'*Errata* de fon ad-
» verfaire; & pour moi, fi on ne
» fait autre chofe contre ce livre,
» je me tiendrai pour vainqueur.

ANA-

ANALYSE

du Livre intitulé

DE L'ESPRIT.

DISCOURS PREMIER.

De l'Esprit en lui-même.

L'Esprit considéré en lui-même est un assemblage d'idées, car c'est par ses effets qu'on apperçoit, & non par sa nature qu'on ignore,

B 4

qu'il

qu'il faut le définir. L'esprit ne produit pas lui-même ses idées, il les reçoit par l'impreffion que les objets extérieurs font fur les fens. Cette impreffion eft confervée par la mémoire, qu'on peut regarder elle-même comme une fenfation continuée. Les impreffions reçues par les fens, & confervées par la mémoire, nous mettent à portée de juger des convenances & des difconvenances que les objets ont entr'eux, & rélativement à nous. La connoiffance de ces rapports eft ce qu'on appelle proprement *Idée* ; mais cette connoiffance s'acquiert par la fenfation même, & le jugement que l'efprit porte fur ces

rap-

rapports n'est que le prononcé de l'impreſſion reçuë par la voie des ſens. Tout jugement peut donc être rapporté à la ſenſation. Mais, dira-t-on, puiſqu'il y a des jugemens faux, il y a donc des ſenſations fauſſes; c'eſt ce qu'on ne peut pas dire proprement. Mais comme le jugement conſiſte dans l'appercevance des rapports entre les objets, on ſe trompe parce qu'on n'apperçoit pas une quantité de rapports ſuffiſante pour bien juger. Les paſſions ou l'ignorance ſont les cauſes de ces erreurs.

Les paſſions fixent toute notre attention ſur un côté de l'objet qu'elles nous préſentent; l'igno-

rance ne nous en laiſſe pas voir
aſſez de faces pour nous faire
faiſir tous les rapports que cet objet peut avoir avec d'autres. Les
paſſions mêmes nous cachent ce
qui eſt, & nous montrent ce qui
n'eſt pas : en ce ſens on peut dire
qu'elles troublent l'exercice des
ſenſations, & qu'elles en produi-
ſent de fauſſes. Ce n'eſt pas que
ces jugemens ne ſoient vrais rélativement à l'impreſſion actuel-
lement reçue ; mais ils ſont faux
en eux - mêmes, puiſque plus de
ſang froid, ou la connoiſſance
d'un plus grand nombre de rapports, les fait juger tels.

Une des cauſes qui contribuent
le plus à perpétuer l'ignorance,

les

les erreurs & les disputes, c'est l'abus des mots. Combien les mots *espace*, *esprit*, *matiére*, *amour propre*, *liberté*, n'ont-ils pas excité de querelles, faute d'avoir été pris dans le même sens par ceux qui s'en servoient ! L'abus des mots a souvent égaré des Nations entiéres. Les Romains élevèrent sous le nom d'*Imperator* le pouvoir absolu qu'ils détestoient sous celui de *Rex.* Si l'on veut donc porter des jugemens toujours justes, il faut être calme & instruit ; & il faudroit, pour prévenir les erreurs occasionnées par l'abus des mots, composer une langue philosophique claire, & commune à toutes les Nations. Mais c'eſt ce qu'on ne doit pas eſpérer, à cauſe des difficultés de toute eſpèce qui s'y oppoſeront toujours.

DISCOURS II.

De l'Eſprit par rapport à la Société.

L'Eſprit en lui-même eſt un aſſemblage d'idées quelconques; mais chaque particulier ne fait entrer dans la notion d'Eſprit que les idées intéreſſantes pour lui; & la ſociété porte à cet égard ſon jugement par les mêmes motifs qui déterminent les

par-

particuliers. Nous n'eſtimons, nous ne blâmons que par intérêt. L'amour propre, qui nous concentre en nous-mêmes, ne nous permet d'aimer que nous dans les autres, & par conféquent d'eſtimer que ce qui nous eſt agréable ou utile. De là cette différence entre les jugemens portés ſur les ouvrages & ſur les actions par les particuliers, par les petites ſociétés & par l'univers.

Nous diſons les ouvrages & les actions, parce que le même motif d'intérêt qui met le prix à l'eſprit & aux talens, influe auſſi ſur les jugemens qu'on porte de la probité. Chaque particulier, chaque ſociété appelle vertueuſes

les

les actions qui lui font utiles, &
le public, indifférent pour ces
actions particuliéres, n'honore
du nom de grands que les talens
qui le fervent, & n'appelle ver-
tueufes que les actions qui lui font
utiles. Le détail des faits eft
la preuve de ce principe. Si vous
examinez quels font les motifs
d'approbation dans les particuliers, dans les fociétés, & de la
part du public, vous en retrou-
verez toujours cette raifon fe-
crette; Vous verrez ces jugemens refpectifs fe contredire de plus en plus à mefure
que les intérêts s'éloigneront. Le
Cynique & le Sibarite fe mépri-
feront mutuellement. Le Poëte

de

de Théâtre regardera comme futile la démonstration du Géomètre, qui de son côté dira qu'une tragédie ne prouve rien. Le bon ton sera l'idole des sociétés particuliéres; ce qui est bon ton dans une société, sera mauvais dans une autre, & le public ne fera nul cas de ces petits talens dont il ne résulte rien pour lui.

L'intérêt met la même différence dans le jugement porté sur les actions des hommes. Un homme en place qui ne sacrifieroit jamais la justice au bien de sa famille seroit regardé par elle comme un mauvais parent, & par le public comme un citoyen vertueux. Les intérêts particuliers

font

font fi fouvent en contradiction avec ceux du public, qu'un homme toujours jufte eft à coup fûr blâmé d'un grand nombre, parce que nous n'accordons point le nom de mérite à ce qui nous déplait, ni celui de vertu à ce qui nous bleffe.

Dans cette complication d'idées & de jugemens, comment faire pour échaper à la féduction des fociétés particuliéres dont nous fommes fans ceffe affiégés? Le moyen le plus fûr, c'eft de n'écouter ni nos propres intérêts, ni les jugemens de ceux qui nous environnent, d'élever nos vûes jufqu'aux grands objets de l'utilité publique, de fortifier par l'ha=

l'habitude ce fentiment noble qui nous fait paroître grands à nos propres yeux, lorfque le motif du bien général nous a portés à facrifier ce qui nous étoit cher. Ce fentiment nous fait trouver notre bonheur dans tout ce qui eft avantageux au public, & on peut le regarder comme le germe de toute vertu : mais il faut diftinguer deux fortes de vertus. On peut appeller vraie vertu celle qui fe propofe pour objet le bien public ; invariable dans fon objet, elle ne l'eft pas dans les actions qu'elle commande, parce que mille circonftances peuvent changer l'intérêt général.

L'autre forte de vertu peut
être

être appellée vertu de préjugé. C'eſt celle qui n'influant en rien ſur la félicité publique tient à une Légiſlation particuliére. Il faut ranger dans cette claſſe toutes les vertus dont la pratique n'ajoute point au bonheur public. Telles ſont les auſtérités recommandées par les Religions. On ne doit pas même en excepter celles qui ſont preſcrites par la Religion Chrêtienne, quoiqu'elles ſoient infiniment reſpectables, & qu'en vertu de la volonté du Souverain Légiſlateur elles ayent pour but d'épurer l'homme, & de le rendre digne de ſon Créateur.

Les pratiques ſuperſtitieuſes des autres Religions, & miſes

par

par elles au rang des vertus, n'en méritent certainement pas le nom. L'inconvénient de ces vertus de préjugés c'est d'éloigner les hommes de la vraie vertu, de les defintéreffer fur le bien public qui en eft l'objet.

S'il y a deux fortes de vertus, il y a deux efpèces de corruption. L'une peut s'appeller corruption religieufe, l'autre corruption politique. La premiére confifte dans la violation des loix de la Religion qui concernent les mœurs : la feconde arrive lorfque l'intérêt des particuliers fe détache de l'intérêt public.

La corruption religieufe ne peut être mauvaife en elle-même

que dans la Religion Chrêtienne, qui eſt la ſeule vraie. Dans les autres Religions cette corruption n'eſt dangereuſe qu'autant qu'elle nuit à la conſtitution politique des Etats. La corruption religieuſe peut en général s'allier avec les plus grandes vertus rélatives au bien public ; mais la corruption politique détruit tout l'effet des vertus religieuſes. Ce n'eſt donc point par de vaines déclamations ſur les mœurs, c'eſt par la législation qu'on peut perfectionner la morale pratique. Si vous voulez bannir la médiſance, détruiſez l'ignorance & l'oiſiveté ; réconciliez l'intérêt particulier avec l'intérêt général, vous rendrez

la

la vertu commune, & vous assu-
rerez la félicité publique ; réfor-
mez les loix, les mœurs se réfor-
meront d'elles-mêmes, & les hommes deviendront vertueux quand
il sera honteux de ne l'être pas.

Mais la plûpart des Moralistes, occupés d'eux-mêmes, ne le
sont guères du bonheur de l'humanité. Ils crieront contre l'or-
gueil des Grands & la fierté des
riches dont ils sont blessés, &
seront indifférens sur un défaut
dans la Jurisprudence, dans l'é-
ducation publique &c. qui sont
bien d'une autre importance. Ainsi le travail des Moralistes est resté
presqu'inutile, pendant que les
autres sciences se sont perfec-
tionnées.   Ces

Cependant l'ignorance des Moralistes n'en est pas la seule cause.
Dans tous les tems, des hommes
puissans, qui ont affecté la domination, ont regardé les progrès
de la morale comme contraires à
leurs desseins. Persuadés que l'aveuglement est nécessaire pour
assurer la soumission des peuples,
ils ont imposé silence à tous ceux
qui auroient voulu les éclairer.
Ils ont employé les uns l'autorité,
les autres le fanatisme, pour régner sur des hommes abrutis. Il
faut donc commencer par démasquer ces odieux protecteurs de
l'ignorance, & perfectionner la
science de la législation, pour assurer la pratique des principes
de

de morale d'où dépend le bonheur des hommes. Mais, comme
nous l'avons dit, le grand art de
la légiſlation conſiſte à intéreſſer
les hommes à l'obſervation des
loix. Une légiſlation parfaite ſeroit celle dans laquelle toute action honnête dans chaque ordre
de l'Etat ſeroit recompenſée par
la gloire ou par le plaiſir, & toute action nuiſible au public ſeroit
conſtamment ſuivie de la peine
ou de l'infamie. Comment eſpérer de voir germer des leçons
de morale lorſqu'elles ne ſont
appuïées d'aucun intérêt ſenſible
qui engage à les pratiquer? Les
hommes, attachés ſans ceſſe à
la terre, preſſés de toutes parts

par

par le plaifir & par la douleur, font malheureufement trop foiblement touchés des récompenfes éloignées & céleftes. On leur prêche le defintéreffement, pendant que les mœurs publiques les entraînent vers la richeffe à laquelle l'opinion attache l'honneur. Or l'opinion & les mœurs publiques dépendent de la forme du Gouvernement & de la législation.

Vous pourrez juger de l'un & de l'autre par la nature des ouvrages eftimés dans les différens tems, & chez les différentes Nations. Si vous en exceptés ceux qui portent dans tous les fiècles l'inftruction & la lumiére, &

ceux

ceux qui par la peinture vraie & forte des paſſions des hommes conſervent le droit éternel de les intéreſſer, les autres n'obtiendront qu'une eſtime reſſerrée & une vogue paſſagère dépendante des mœurs du tems. Il eſt donc vrai que la légiſlation en changeant l'intérêt général change l'opinion publique, & qu'elle décide par-là des talents & des mœurs. La morale eſt donc étroitement liée à la ſcience des loix, & ce feront toujours les bonnes loix qui aſſureront la pratique des préceptes de la morale. C'eſt donc la légiſlation qu'il eſt principalement important de perfectionner.

C   DIS-

DISCOURS TROISIEME.

Si l'esprit doit être considéré comme un don de la nature, ou comme un effet de l'éducation?

LEs hommes reçoivent de la nature d'égales dispositions à l'esprit; car certainement leurs ames sont essentiellement égales, & ces dispositions ne peuvent consister que dans la finesse des sens, dans l'étenduë de la mémoire, ou dans la capacité d'attention. Or les sens, quoiqu'avec plus ou moins de finesse, ne saisiront pas moins de rapports entre les objets, & c'est le

nom-

nombre de rapports qui fait l'efprit.

L'étendue de la mémoire n'eft pas auffi inégale qu'on le croit entre les hommes, & d'ailleurs la grande mémoire influë très peu fur le grand efprit, puifque LOCKE & MILTON n'avoient que très peu de mémoire. La capacité d'attention eft naturellement la même, à peu près, dans tous les hommes bien organifés. Il n'en eft point qui n'apprenne à lire & qui ne puiffe entendre les premiéres propofitions d'Euclide : Or le degré d'attention néceffaire pour y parvenir eft plus que fuffifant pour élever à la découverte des vérités utiles

qui

qui caractérifent l'efprit fupérieur. Il faut donc chercher d'autres caufes de l'inégalité d'efprit parmi les hommes, & voir quelles font les puiffances qui nous font agir. La premiére c'eft l'ennui. Nous éprouvons continuellement le befoin d'appercevoir notre exiftence par le plaifir, & cette inquiétude eft en nous un grand principe de mouvement & d'action. Mais ce font les paffions qui remuent le plus puiffamment notre ame, qui nous éclairent fur la poffibilité des chofes extraordinaires, qui excitent en nous une forte d'infpiration inconnuë à la tranquillité & à l'analyfe, & qui par là produifent

les

les grands efforts & les actions merveilleufes. Mais il faut diftinguer les paffions naturelles, & les paffions factices. Les premiéres ne font que nos befoins naturels vivement fentis. Les autres ont pour objet les befoins factices qui font nés de la société, & elles deviennent prefqu'auffi impérieufes que les paffions naturelles. Cependant malgré cette diftinction, on peut rappeller toutes les paffions aux befoins de la nature, & quelque dénaturées qu'elles paroiffent par les moiens qu'elles emploient, il eft aifé de montrer qu'elles fe propofent le même objet, & qu'elles fortent de la même fource. L'avare croit se préparer dans son amas d'argent un moien sûr d'écarter des besoins dont en attendant il souffre. L'ambitieux regarde sourdement les honneurs & la considération publique comme un moien d'assurer ses plaisirs, & de se procurer tout ce qu'il pourra désirer dans la suite. C'est par la même raison que l'orgueilleux désire l'estime, & qu'il s'irrite contre ceux qui ne la lui accordent pas. L'amitié elle - même, cette passion noble des cœurs vertueux, est un besoin qu'on peut ramener peut-être au principe de l'ennui, & dont certainement des circonstances étrangères peuvent augmenter beaucoup l'intérêt &

la

la force. Les passions, soit naturelles, soit factices, étant donc
les principales forces qui meuvent notre ame, elles peuvent
être habilement dirigées par un
Législateur vers l'utilité publique qui est son but. Dès-lors
l'usage des passions sera consa-
cré par son objet, & l'on pourra
dire que les grandes passions sont
le germe des grandes vertus,
relativement à l'état politique.

Quelques Législateurs se sont
heureusement servis des plaisirs
des sens pour exciter les citoyens
aux plus grandes actions. La mon-
noie des hommes n'est pas d'un
moindre prix pour ceux que le
Gouvernement a accoutumés à

C 4

l'enl'envifager comme telle. S'il eft donc des Peuples qui paroiffent indifférens pour la vertu patriotique, c'eft la faute des Légiflateurs, qui n'ont pas connu les reffources que leur fourniffoient les paffions des hommes. Tous les Gouvernemens ne fe prêtent pas également à cet enthoufiafme qui produit les grandes actions. N'en attendez pas, par exemple, dans le Defpotifme. Nul intérêt ne vous y attache à la patrie; l'eftime publique y rend au moins fufpect; l'habitude de la crainte y étouffe tout fentiment généreux; une penfée noble & hardie y eft regardée comme ridicule, fi elle n'eft pas trai-

tée

tée comme criminelle.

Lisez TACITE, & voiez ce que furent les Romains sous les Empereurs. Regardez ces mêmes Romains dans les premiers tems de la République : l'héroïsme y naissoit de la Législation. Les mêmes passions peuvent être en différens tems utiles ou nuisibles au bien public. CESAR devenu le tyran de Rome corrompuë eut été le sauveur de Rome vertueuse.

L'usage des passions dans toute leur force est surtout nécessaire dans ces tems de crise où un Etat chancèle & où l'anarchie des intérêts menace d'une dissolution prochaine : c'est alors que les froides spéculations de la prudence

ne

ne font que hâter fa ruine; mais alors auffi la plûpart des efprits, engourdis de longue main, font peut-être incapables de recevoir le branle qu'une grande ame voudroit leur donner. L'art d'infpirer des paffions eft dans ces circonftances le feul qui ne foit pas ftérile.

Parmi celles que la politique a emploiées dans les différens tems, le fanatifme eft celle qui a porté les hommes aux plus grands efforts. Les difciples d'ODIN, ceux de MAHOMET, & les Abyffins en font la preuve. On peut faire des hommes tout ce qu'on voudra, puifqu'ils font capables de rire dans les fupplices,

&

& de regarder la mort comme un plaifir. Mais le fanatifme, confidéré même uniquement par le côté politique, n'eft point un reffort qu'un Légiflateur doive jamais emploier. S'il eft la plus forte des paffions, c'eft la moins durable, & jamais dans chaque Nation elle n'a opéré des prodiges pendant plus d'un fiècle : il ne laiffe de traces que l'ignorance & l'abrutiffement. Le patriotifme eft le plus folide reffort des paffions : il eft fondé fur un intérêt permanent ; & le Légiflateur peut l'élever dans les hommes jufqu'à les exciter à cette continuité d'attention qui donne la fupériorité des lumiéres. Cette

C 6

paf-paſſion vertueuſe peut régner dans tous les tems & chez tous les peuples. On l'a vuë alternativement au Nord, au Midi, animer les hommes aux actions vertueuſes, inſpirer le courage, exciter les talents; & il n'y a point de Peuples qui aient à cet égard un avantage marqué ſur les autres. Ce ſont donc les loix, c'eſt la forme du Gouvernement, qui, comme nous l'avons dit, décide du génie & des autres qualités parmi les Peuples, & qui les rendent ignorans ou éclairés, indifférens ou ſenſibles à la vertu.

DIS-

DISCOURS QUATRIEME.

Des différens noms donnés à l'Esprit.

L'Esprit est, comme nous l'avons dit, la connoissance de nouveaux rapports, ou la combinaison nouvelle des rapports apperçus entre certaines idées. Si ces idées forment un ensemble de vérités intéressantes pour les hommes, elles sont appellées production du génie. Ce n'est pas toujours au plus grand nombre, ou à la nouveauté des rapports apperçus, que ce titre est accordé. Celui qui fait une révolution

lution dans une fcience ou dans un art, obtient le nom d'homme de génie de préférence à ceux qui pour approcher cette fcience ou cet art du point de la révolution ont été contraints d'y emploier plus d'invention que lui. Le hazard influe donc fur la réputation ; mais cependant il ne fert jamais à cet égard que ceux qui paffionnés pour la gloire fe mettent par un travail opiniâtre en état de profiter du moment heureux.

L'efprit fin eft celui dont le talent confifte à préfenter des idées qu'on n'apperçoit pas fans un effort d'attention. Une conféquence éloignée déduite d'une idée

idée générale eſt une idée fine.

Une idée grande & une idée forte frappent l'une & l'autre vivement : mais celle qu'on appelle grande intéreſſe plus généralement, & celle qu'on nomme forte, plus vivement. Le fort eſt le produit du grand uni au terrible.

L'eſprit de lumiére conſiſte à diſpoſer tellement les idées qui concourent à prouver une vérité, qu'on puiſſe aiſément la ſaiſir. Cet eſprit eſt le truchement du génie philoſophique. On les confond ſouvent à cauſe de la lumiére qui leur eſt commune : mais le génie cherche & découvre des vérités nouvelles, & l'eſprit de lumié-

lumiére les faifit & les tranfmet.
L'efprit pénétrant s'attache à peu
d'objets; mais il les creufe. Il
parcourt en profondeur l'efpace
que l'efprit de lumiére parcourt
en fuperficie. La fagacité ne dif-
fère de la pénétration qu'en ce
qu'elle fuppofe plus de preftefle
de conception.

Le goût n'eft proprement que
la connoiffance de ce qui plait à
une certaine Nation : car on ne
doit peut-être pas appeller de ce
nom, ce goût réfléchi qui eft
fondé fur une connoiffance profonde de l'humanité.

Le bel efprit eft celui qui com-
pofe dans le genre d'agrément.
Son talent confifte principalement

à

à bien dire; mais le public ne le donne guères qu'à ceux qui difent bien des chofes fines & intéreffantes.

L'efprit du fiècle eft celui des gens du monde & de la Cour. L'homme du monde, ainfi que le bel efprit, eft plus fenfible au bien dit qu'au bien penfé. L'efprit jufte ne l'eft point à tous égards. S'il veut juger de ces propofitions compliquées, où la vérité dépend d'un grand nombre de faits qu'il ignore, il devient faux. Le propre de l'efprit jufte eft de tirer des conféquences exactes des opinions reçües. Les efprits juftes fe croient volontiers fages; mais les méprifes de fentiment ne font

pas.

pas rares, & cette préfomption en eſt ſouvent une.

Nous nous trompons aiſément ſur le nombre & la nature des ſentimens qui nous meuvent. Une mère croit aimer ſes enfans pour eux-mêmes, & elle néglige leur éducation; c'eſt une mépriſe.

C'eſt encore par une mépriſe de ſentiment que quelques gens pieux haïſſent les Philoſophes, & que quelques hommes en place perſécutent les gens de génie. La vanité eſt la cauſe des mépriſes de ſentiment.

Le bon ſens eſt un effet de l'abſence des grandes paſſions. L'homme de bon ſens ſeulement, eſt par-là à l'abri des grands é-carts;

carts; mais auffi peu capable des grandes actions qui ont befoin d'enthoufiafme. L'efprit de conduite ne devroit être que l'art de fe rendre heureux; mais on le prend ordinairement pour l'art de faire fortune. Si la fortune é-toit toujours le prix du mérite, l'efprit de conduite fuppoferoit de grands talens; mais dans la plûpart des Gouvernemens cet efprit n'eft pas différent de celui d'intrigue. Le nombre d'idées que fuppofe l'efprit d'intrigue eft très borné. Avec un caractère fouple & propre à fe prêter à la baffeffe, il eft rare qu'on n'ait pas l'efprit de conduite, qui n'eft pas ordinairement uni aux grands talens.

talens. Peut-être même cela n'est-il pas possible ; car il est des qualités qui s'excluent, & c'est une grande injustice d'exiger dans les hommes des qualités contradictoires. On voudroit trouver dans le même fruit l'éclat du diamant, l'odeur de la rose, la saveur de la pêche, & la fraicheur de la grenade. Or il est impossible qu'un Philosophe occupé d'idées grandes & fortes écrive des lettres avec autant d'agrément qu'une femme de la Cour. Le public est injuste dans ses prétentions. On veut que les citoyens aiment la patrie, pendant que les mœurs sont corrompües ; qu'un homme en place ait des affaires dans l'es-

prit,

prit, & des graces dans les ma‑
nières &c.

On ne peut donc prétendre à
la fois à différens genres de mé‑
rite qui s'excluent naturellement.
Mais voulez‑vous fçavoir dans
quel genre d'étude vous devez
réuffir ? Voyez de quelle nature
font les idées dont votre mémoi‑
re eft principalement chargée.
C'eft là ce qui doit guider vos
vües, & ce qui vous annonce
des fuccès. Voulez‑vous connoî‑
tre quel degré de paffion vous
avez pour la gloire ? Rentrez en
vous‑même, & obfervez le de‑
gré d'enthoufiafme que vous fen‑
tez pour les grands hommes. Si
vous pleurez devant le bufte D'A‑

LEXAN‑

LEXANDRE, vous ferez CESAR.

L'efprit eft le produit des objets placés dans notre fouvenir,
& mis en fermentation par l'a-
mour de la gloire. Le choix de
ces objets dépend infiniment de
l'éducation. Mais l'éducation eft
tellement liée à la forme du Gouvernement, qu'il eft prefqu'impoffible de faire aucun changement
dans l'éducation publique fans
en faire dans les mœurs, & par
conféquent dans la conftitution
des Etats. Auffi dans les grands
Etats qui fe foutiennent par leur
propre maffe, l'éducation publique eft-elle négligée. On y donne aux enfans quelques leçons
vagues de morale; mais on feroit
fâché

faché qu'ils les priffent à la rigueur. Une vertu trop févère nuiroit à leur fortune. Si deux chofes, comme le dit Pythagore, rendent un homme femblable aux Dieux, l'une de faire le bien public, l'autre de dire la vérité, celui qui fe modéleroit fur les Dieux feroit à coup fûr maltraité par les hommes.

IDÉE

IDÉE

Que donne le Journaliste de Trévoux *du Livre dont on vient
de voir l'Analyse.*

LE livre intitulé *de l'Esprit*, n'a été
nommé, dans nos *Mémoires d'Août*,
que d'après le frontispice qui énonce une
approbation & un privilège. Nous n'a-
vions alors aucune idée distincte de cette composition trop fameuse aujourd'hui.
Elle nous est présentement assez con-
nue par l'examen que nous en avons
fait ; & en attendant que nous rendions
compte des critiques sévères qu'elle mérite, & qui paroîtront probablement
bientôt, nous nous hâtons de témoigner
la surprise & la douleur que ce perni-
cieux ouvrage cause à toutes les per-
son-

sonnes qui respectent la Religion & les mœurs.

Nous indiquons aussi en peu de mots les principaux caractères de ce livre.

Il paroit porter sur ce principe général, qu'il ne faut aux hommes qu'une bonne Législation : principe excellent, si l'Auteur remontoit à la source de toutes les loix naturelles & positives, laquelle ne peut être que Dieu même, & sa très-puissante, très-sage & très-sainte volonté. Mais on ne nous instruit ici, ni des devoirs qu'impose la loi naturelle, ni de la distinction primitive & essentielle du bien & du mal, du juste & de l'injuste, ni de l'obligation d'obéir à la Religion révélée & manifestée par le grand Législateur, qui est Jesus-Christ; ni des grands avantages que la Politique tire des loix de l'Evangile bien observées &c. L'Auteur croit prévenir toutes les difficultés qu'on peut lui faire

D

sur

fur la Religion, en difant qu'il parle comme Philofophe, & non comme Théologien. Il répéte cela de tems en tems ; il paroît rendre hommage à la beauté du Chriftianifme : mais ce langage eft une forte de précaution dont ufent fouvent les incrédules. Il n'eft pas difficile de lever le voile & de faifir la penfée de l'Auteur. Voici quelques articles qui fe préfentent comme au premier coup d'œil. Un examen plus circonftancié du Livre mettroit en état d'y découvrir beaucoup d'autres objets de critique.

1°. La fpiritualité de l'ame y eft mife au nombre des hypothèfes, & le matérialifme y eft clairement infinué en plufieurs endroits.

2°. On y réduit toutes les facultés de l'ame à fentir : ce qui eft détruire toute idée claire, toute évidence, car le fentiment eft toujours obfcur.

3°. La

3°. La tolérance universelle qu'on y préconise, n'est au fond que le cri & le vœu d'une indifférence totale en matière de Religion.

4°. La vraie notion de liberté, telle qu'on doit l'admettre pour la moralité des actions humaines, y est considérablement altérée.

5°. La probité & la justice y sont regardées comme de purs effets de la sensibilité physique & de l'intérêt.

6°. Les passions y sont tellement exaltées, qu'on traite de stupide quiconque cesse d'être passionné, & qu'on relégue parmi les pédants, les déclamateurs, les gens sans esprit, ceux qui recommandent la modération des désirs.

7°. On y a rassemblé quantité de traits licentieux, d'images obscénes, de maximes tendantes à autoriser le libertinage.

8°. Il s'y trouve des principes d'où il

 seroit

feroit fort aifé de tirer des conféquences fort préjudiciables au bon ordre &
à la paix des Etats.

9°. On y déclame fort contre les détracteurs de la fcience, mais on ne fe
donne pas la peine de diftinguer la fauffe curiofité d'avec les études louables,
ni la licence de penfer & d'écrire d'avec
la recherche du vrai.

10°. Il y a dans ce livre peu de chofes qui n'ayent été dites par d'autres
écrivains bons ou mauvais. Il s'y ren-
contre des obfcurités, des termes effentiels mal définis, des anecdotes de bas
aloi, des principes très frivoles, & une
maniére de raifonner fort condamnée en
Logique : c'eft celle qui confifte à conclure du particulier au général. Enfin on
peut affurer que l'Auteur du Livre *de
l'Efprit* a fait, dans cet ouvrage, un
abus manifefte de fes talens & de fes
connoiffances.

LET-

LETTRE

*Au Révérend Père ***. Journaliste
de Trévoux.*

Mon Révérend Père,

JE lis fort aſſidument vos Mémoires. J'y remarque avec plaiſir votre zèle infatigable à pour-
ſuivre toute opinion dangereuſe, & j'en partage la reconnoiſ-
ſance avec tous les honnêtes
gens; mais ce zèle, reſpectable
dans ſes motifs, ne peut être utile dans ſes effets qu'autant qu'il
eſt toujours conduit par l'équité.
Trop de chaleur égare, & la
précipitation de jugement en des

 matié-

matiéres auffi graves, pourroit
faire naître dans beaucoup de
bons efprits des foupçons d'infidélité defavantageux pour vous
& pour votre objet. Je crains,
mon Révérend Père, que vous
ne vous y foyez expofé dans l'ef-
quiffe que vous avez tracé du
livre intitulé, *de l'Efprit* & dans
les articles où vous effayez d'en
indiquer les principaux caractères. Perfonne ne refpecte plus que
moi les vûes fages du Gouvernement qui a fupprimé cet ouvrage. Mais fi le Gouvernement a
le droit inconteftable de condam-
ner & de fupprimer ce qui n'eft
pas convenable à fes vûes, je
doute que des particuliers ayent
celui

celui de donner des notices indi-
geftes & peu exactes, qui font
rejaillir fur un homme eftimé l'o-
dieux foupçon d'incrédulité. Per-
mettez, mon Révérend Père, que
j'examine un moment avec vous,
article par article, les reproches
que vous faites à l'Auteur *de l'Efprit.*

Vous dites d'abord que fon livre paroît porter fur ce principe
général, qu'il ne faut aux hommes qu'une bonne légiflation :
mais vous voudriez qu'il nous
eût inftruit des devoirs qu'impo-
fe la loi naturelle, & de la diftinction primitive & effentielle du
bien & du mal, du jufte & de
l'injufte. Je n'entrerai pas à ce
D 4

fujet,

sujet, mon Révérend Père, dans une discussion trop délicate, où votre inattention nous conduiroit. Dans quel embarras ne jet-térions - nous pas les consciences timorées, si nous compromet-tions le fondement légitime avec l'idée métaphysique de la loi na-turelle, qui peut s'interpréter si diversement par les hommes, qu'il a fallu, pour fixer leur con-duite, des loix positives auxquel-les ils doivent obéir aveuglément, quand elles sont établies par une autorité légitime ? Comment pré-tendriez - vous qu'on pût accor-der une partie de ces loix, tant canoniques que civiles, avec l'i-dée vague de la loi naturelle ?

Ne

Ne seroit-il pas extrêmement dangereux d'entrer dans cet examen? Dans tous les Gouvernemens, même dans le gouvernement Théocratique, les loix ne se font-elles pas prêtées à la foiblesse humaine? N'y trouve-t-on pas des vertus interdites & des vices permis *ad duritiam cordis*? La vertu est dans l'ordre parfait, ce que font les alimens dans l'état de santé, & les vices légitimes (je ne dis pas les crimes) ce que font les remèdes dans l'état de maladie. C'est pourquoi dans tous les différens Gouvernemens, il y a des vices établis & des vertus proscrites par les loix. Cependant les sujets doivent obéir, c'est ce

D 5

que

que vous ne pouvez me nier.
Vous croyez peut-être que vous
pourriez y apporter quelques ex-
ceptions ; vous les trouveriez
dans le Décalogue , dans les vérités divines révélées : mais ce
font auffi des commandemens
ou des loix expreffes dont on reconnoit l'autorité. Si en foute-
nant l'autorité de la légiflation ,
il vous paroît qu'on oublie la loi
naturelle ; c'eft que vous avez oublié vous-même l'autorité des
loix pofitives , à laquelle les hommes font indifpenfablement &
fouverainement affujettis. Ils n'ont
certainement pas droit d'y con-
trevenir par l'intervention de
leurs idées abftraites du jufte ou

de

de l'injuste absolu: car une idée abstraite, quelque claire qu'elle soit, n'est point liée à l'ordre des causes qui déterminent l'établissement des loix civiles & canoniques. Quand vous ferez attention aux droits de Dieu sur les créatures, aux droits d'un père sur ses enfans, aux droits de la société sur la chose publique, aux droits du Souverain sur ses sujets, aux droits des sujets sur leurs propriétés, aux droits réciproques des gens, aux degrés de supériorité & de subordination de ces droits, aux circonstances & aux forces naturelles ou physiques qui en dérangent l'ordre, vous appercevrez une telle com-

D 6

plica-

plication d'idées & d'objets réels, que vous conviendrez que l'application de l'idée métaphysique de la loi naturelle, ne doit pas être abandonnée à la décision abstraite des particuliers qui composent les sociétés.

D'ailleurs, mon Révérend Père, il ne tenoit qu'à vous de voir, dans l'ouvrage, que si une bonne législation mène plus surement à la vertu que les préceptes des fausses Religions, nulle législation n'est aussi propre dans tout pays & dans tout Gouvernement, à rendre les vices rares & les vertus communes, que la Religion Chrêtienne : ce sont les propres termes de l'Auteur. Je ne sçais

pas

pas si c'est là une précaution familiére aux incrédules, je connois peu leurs ouvrages; mais je sçais certainement, mon Révérend Père, que supposer à qui que ce soit de mauvaises intentions, contre ses expressions formelles, & supprimer ses expressions pour rendre ses intentions odieuses, cela est également contraire à la loi naturelle, aux loix positives, & à la loi Chrêtienne, qui se réunissent toutes là - dessus.

Après ce début général, vous indiquez séparément, mon Révérend Père, plusieurs objets de critique fort importans, & certainement présentés de maniére à donner mauvaise opinion de l'Aul'Auteur & de son ouvrage.

1°. Dites-vous, *la spiritualité de l'ame y est mise au nombre des hypothèses & le matérialisme y est clairement insinué.*

Votre prudence & votre équité devoient modérer le grief d'une imputation aussi outrageante par l'exposition exacte des sentimens de l'Auteur. En parlant des hypothèses des Philosophes sur la matérialité ou l'immatérialité de l'ame, il s'explique assez clairement pour ne laisser aucun soupçon sur sa croyance.

» J'observerai seulement à ce » sujet, dit-il, que, si l'Eglise » n'eût pas fixé notre croyance » sur ce point, & qu'on dût,

» par

» par les seules lumiéres de la rai-
» son, s'élever jufqu'à la connoif-
» fance du principe penfant, on
» ne pourroit s'empêcher de con-
» venir que nulle opinion en ce
» genre n'eft fufceptible de dé-
» monftration.

Prétendez-vous, mon Révé-
rend Père, foutenir que l'évidence de l'immatérialité de l'ame
foit un article de foi? Mais ceux
qui regardent l'immatérialité de
l'ame comme un article de foi,
penfent au contraire que cette
connoiffance n'eft pas évidente
puifqu'elle eft révélée par la foi.
Or fans la révélation que pourroient être les idées des hommes
fur ce point, finon des *hypothè-*
fes?

ſes? Que peuvent être encore aujourd'hui celles des infidèles, ſinon des *hypothèſes*? Mais c'eſt contre votre conſcience que vous avez inſinué que c'eſt auſſi une *hypothèſe* dans l'eſprit de l'Auteur que vous tâchez de flétrir.

2°. *On y réduit toutes les facultés de l'ame à ſentir, ce qui eſt détruire toute idée claire, toute évidence: car le ſentiment eſt toujours obſcur.*

S'agit-il ici, mon Révérend Père, d'un article de foi, ou de votre opinion? Vous deviez vous expliquer pour échapper au reproche qu'on pourroit vous faire de manquer un peu de droiture dans les moyens que vous employez

ployez pour diffamer l'Auteur
que vous attaquez sous prétexte
de Religion. L'opinion dont il est
ici question, est celle des auteurs
les plus célèbres & les moins sus-
pects d'irréligion; du moins cela
est-il vrai à l'égard du P. BUF-
FIER Jésuite. (*) Votre Société
n'a

(*) Il établit ce système en plusieurs
endroits de sa Métaphysique; à la fin
de sa Logique, il fait exprès une digres-
sion sur l'origine de nos idées. Il s'exprime ainsi en répondant à Mr. de
CROUZAS. „ Comment penserois-je si
„ je n'avois point de corps? c'est ce
„ qu'il faudroit m'apprendre avant que
„ de me résoudre à penser, comme s'il
„ n'y avoit point de corps; mais c'est
„ ce que l'on ne m'apprendra pas, par-
„ ce

n'a jamais défapprouvé fes idées fur les fenfations, ni les louanges qu'il prodigue à Locke en l'op-pofant avec tant de fuccès au P. Mallebranche. Il n'en eft pas de même de vôtre opinion. Elle détruiroit toute évidence des fens qui felon vous ne produifent qu'un fentiment *toujours obfcur*. Dans quel abyme de doute votre doctrine ne nous jetteroit-elle pas par rapport à la Religion? *fides ex auditu*. Que devroit-on penfer de toutes les inftructions reçües par la parole, par l'écriture,

„ ce que nous n'avons de *penfées* & de
„ connoiffances que par l'ufage des fens,
„ qui font une partie du corps.

ture, par le témoignage des sens? On voit que votre ardeur à poursuivre l'Auteur du livre *de l'Esprit*, vous a porté à des excès beaucoup plus reprochables & plus dangereux que ceux que vous prétendez combattre.

3°. *La tolérance universelle qu'on y préconise, n'est au fond que le cri & le vœu d'une indifférence totale en matière de Religion.*

Vous n'appercevez pas, mon Révérend Père, que vous confondez ici l'indifférence en matiére de Religion, avec la paix de Religion, pour laquelle l'Auteur se déclare en désaprouvant les persécutions. Cette distinction

étoit

étoit pourtant bien néceſſaire. Peut-on être regardé comme indifférent ſur la Religion, lorſqu'on s'élève contre les perſécutions ? N'eſt-ce pas avouër plutôt que la Religion n'eſt indifférente ni en elle-même, ni dans la conſcience de ceux qui la profeſſent ? Ceux au contraire qui perſécutent un homme qui ne profeſſe pas la même Religion qu'eux, qui veulent lui arracher une confeſſion parjure, qui le forcent à des œuvres ſacrilèges ; ceux là, mon Révérend Père, ne ſemblent-ils pas établir cette conduite ſur des idées peu conſéquentes aux objets que ſe doit propoſer un zèle charitable &

éclai-

éclairé. L'indifférence peut-elle être reprochée à ceux qui soutiennent qu'on ne peut éviter à la Religion ces outrages & conferver à l'Etat des hommes qui font dans l'erreur, que par la tolérance civile, qui profcrit l'injure & contient l'erreur dans le filence.

4°. *La vraie notion de la liberté, dites vous, mon Révérend Père, telle qu'on doit l'admettre pour les moralités des actions humaines, y eft, confidérablement altérée.*

Mon deffein n'eft pas d'entrer avec vous dans les combats théologiques fur la nature & l'étendue du pouvoir de la liberté.

Ces

Ces combats font trop périlleux. Je me bornerai à l'idée métaphy-fique de la liberté ; & pour évi-ter toute difcuffion, je me fixe-rai à la définition vulgaire enfei-gnée dans les écoles, & dans les livres mêmes d'inftitutions philo-fophiques deftinés à leur ufage. *Libertas eft potentia rationalis ad oppofita* : ce qui paroît fignifier que *la liberté eft le pouvoir qu'a l'ame de délibérer pour fe déter-miner avec raifon à agir ou à ne pas agir.* Il y a donc dans la li-berté, *pouvoir & intelligence.* Mais de quelle nature peut être ce pou-voir ? Eft-ce une force motrice ou phyfique ? Il me femble que ce genre de pouvoir ne peut pas

être

être attribué à l'ame. Du moins
un tel pouvoir n'a-t-il aucun rapport avec la liberté dans laquelle on ne peut reconnoître qu'u-
ne force d'intention tendant à un
choix, par raison de préférence.
C'est donc la force d'intention
& la raison de préférence qui
constituent le pouvoir effectif de
la liberté d'un être intelligent,
lorsqu'il délibère pour se déterminer avec raison. Ainsi ce pouvoir effectif (car je ne parle pas
ici de la simple aptitude ou de
la simple capacité de ce pouvoir,
parce qu'il s'agit de la liberté même) ce pouvoir effectif, dis-je,
renferme donc la force d'intention & le motif qui intéresse l'a-
me,

me, & qui la porte à délibérer.
Ainſi l'exercice régulier de la liberté a pour objet l'intérêt bien
entendu : d'où il réſulte que l'exercice régulier de la liberté n'eſt
eſſentiellement qu'un acte de l'intelligence éclairée : auſſi les enfans, les imbécilles, les fous ne
ſont-ils point reconnus pour des
hommes libres. Or voilà préciſé-
ment les idées de l'Auteur à qui
vous reprochez d'avoir altéré la
vraie notion de la liberté, quoiqu'à ſes idées, il ajoute d'après
S. Paul, quant au ſurnaturel,
l'expreſſion du reſpect religieux
pour la profondeur de cette matiére.

5°. *La probité & la juſtice*, a-
joutez

joutez-vous, mon Révérend Père, *font regardées dans ce livre,
comme de purs effets de la fenfibilité phyfique & de l'intérêt.*

Cette imputation n'eft pas é-
noncée de manière à préfenter
des idées affez nettes. Parlez-vous
ici des idées ou des actes de probité & de juftice ? Les idées de
la juftice & de la probité doivent fe rapporter à l'évidence, &
les actes doivent fe rapporter à
la liberté. Dans l'un & l'autre cas
que trouvez - vous dans le livre
de l'Efprit qui foit contraire à
la vérité & à la morale ? Seroit-
ce fon opinion fur la nature de
l'évidence ? Mais avant que nous
puiffions adopter la vôtre, il faut

E

que

que vous ayez la bonté de nous
l'expliquer, & que vous difiez
fincérement fi vous la foutenez
comme de foi : car il eft important de ne pas confondre dans
vos imputations les vérités de
Religion avec les opinions philo-
fophiques.

6°. *Les paffions y font tellement
exaltées, qu'on traite de ftupide quiconque ceffe d'être paffionné.*

Vous ne pouvez pas vous dif-
fimuler que dans le langage philofophique, & notamment dans
le livre dont il eft queftion, le
mot de *paffions* ne fignifie pas
les affections déréglées, mais fimplement les affections vives de
l'ame, qui peuvent devenir cri-
minel-

minelles ou vertueuses selon leur
objet. Or sous ce point de vuë
pouvez - vous douter que l'activité morale ne soit le principe des
qualités & des vertus morales,
comme la ferveur est la source
des vertus chrétiennes ; ferveur &
activité, passions précieuses qui
font les Saints & les grands hommes. La tiédeur est abhorrée dans
la piété. L'inertie doit être pro-
scrite par la morale humaine, &
par la politique. Ferez vous des
guerriers redoutables sans un a-
mour vif de la gloire ? des com-
merçans industrieux sans un désir
vif des richesses ? &c. Vous ne
pouvez pas vous cacher, mon
Révérend Père, que c'est dans

ce

ce sens que l'Auteur dit que les passions sont les contrepoids qui meuvent le monde moral.

Le reste de vos imputations est si vague, qu'on ne peut pas y répondre d'une manière précise. Vous dites qu'on trouve dans ce livre des principes dont on pourroit tirer de mauvaises conséquences. Mais quels sont les principes dont on ne tire pas de mauvaises conséquences, quand on veut en abuser ? Vous dites qu'en parlant contre les détracteurs de la science, l'Auteur ne distingue pas la fausse curiosité d'avec les études louables ; mais que m'importe ? Parmi les sçavans que ces détracteurs ont persécutés, je

vois

vois qu'il cite SOCRATE, GA-
LILE'E, DESCARTES. Ces gens-
là n'avoient-ils qu'une fauſſe curioſité ? Vous condamnez la logique de l'Auteur ſur les concluſions du particulier au général.
Je vous conſeille cependant,
mon Révérend Père, de vous
déterminer à ne jamais conclure
autrement, quand vous raiſon-
nerez d'après des faits. Comme
il n'eſt pas aiſé d'avoir tous les
faits particuliers poſſibles qui concourent à former un réſultat général, il faut bien ſe contenter
d'en avoir une quantité ſuffiſante pour établir une probabilité;
Alors, quoi qu'en diſe la Logique,
on fait bien de conclure, & l'on

E 3

a

a très bien raisonné. Au reste, mon Révérend Père, je ne me mêlerai pas de défendre *le livre de l'Esprit* sur les critiques philosophiques ou litteraires : c'est à l'ouvrage à se défendre lui-même de ce côté-là. Mais qui pourroit ne pas justifier avec zèle un Citoyen estimable, lorsque son honneur & sa Religion sont attaqués par des imputations injustes ?

J'ai l'honneur d'être, &c.

ANALYSE

De la Lettre précédente , faite par le Journaliste de Trévoux.

CEtte lettre a été faite pour la dé-fense *du Livre de l'Esprit* : preuve manifeste qu'on défend tout ce qu'on veut, quand on ne s'embarrasse point de dire des vérités , & qu'on garde *l'incognito*. (a)

Elle n'attaque point les grandes Ana-lyses que nous avons données *du Livre de l'Esprit*, dans nos *Mémoires d'Octobre & de Novembre*. Elle s'attache à la petite Notice insérée *vers la fin du*

E 4

Jour-

(a) Que veut dire ce regret de *l'incognito* ? C'est au moins une imprudence de la part du Journaliste. Que fait un nom à la vérité ? C'est d'elle uniquement dont il s'agit.

Journal de Septembre : Notice deſtinée à faire connoître ſommairement *que l'eſprit* n'étoit ſûr ni en Métaphyſique, ni en Religion, ni en Morale, ni en Politique.

Nous commencions cette critique littéraire par déſirer que *l'Auteur de l'Eſprit* eût voulu nous inſtruire *des devoirs qu'impoſe la Loi Naturelle, de la diſtinction primitive & eſſentielle du bien & du mal,* &c. Sur quoi on vient ici nous diſputer tous les *premiers principes des loix.* On nous dit que *l'idée de la loi naturelle eſt vague, abſtraite, nullement liée aux cauſes qui déterminent l'établiſſement des loix poſitives.* On prétend que la *loi naturelle s'interprète diverſement par les hommes* ; que par cette raiſon, *il a fallu des loix poſitives pour fixer leur conduite.* On ajoute qu'*il y a dans tous les Gouvernemens des vices établis & des vertus proſcrites par les loix* ; qu'il

faut

faut néanmoins *obéir aveuglément*, &c.

Qu'est-ce que toute cette doctrine ? quelle précision, quelle netteté, quelle lumiére y remarque-t-on ? Selon tous les maîtres de la morale, la loi naturelle est ce flambeau (*b*) intérieur que Dieu donne à l'homme pour lui servir de guide. Cette loi est très claire & très distincte dans ses principes. Qui peut ignorer, par exemple, qu'on doit un tribut d'hommage & d'amour au Créateur ? qu'on est obligé d'épargner aux autres le mal auquel on ne voudroit pas être exposé soi-même, que la bienfaisance, la libéralité, la compassion pour les malheureux, la reconnoissance des services, font des qualités aima-

E 5

(*b*) Voyez ci-après les remarques sur la loi naturelle.

aimables (*c*) &c. ? La loi naturelle eft la bafe de toutes les loix pofitives : c'eft elle qui autorife les Légiflateurs, qui leur foumet les efprits & les volontés. Ce qui *s'interprète diverfement* dans la loi naturelle, ce n'eft ni fon exiftence, ni fa force, ni fa clarté, ni l'enfemble de fes principes ; ce font les conféquences éloignées, compliquées, raifonnées. C'eft fur cela qu'ont travaillé les Légiflateurs. Leurs loix doivent être refpectées & maintenues : qui en doute ? Mais on préfuppofe toujours que ces loix font ordonnées à des fins légitimes ; qu'elles ne contredifent aucunes loix fupérieures, dont la premiére eft la loi

(*c*) Le Journalifte pour mieux prouver fon idée devoit ajouter à ces lumiéres naturelles la contrarieté morale, ou l'oppofition de plufieurs devoirs entr'eux, la prédilection, l'imputation, la perfécution, & autres cas qui lui ont paru s'accorder fi facilement avec la juftice.

loi naturelle (*d*). On ne met point au nombre des bons Gouvernemens ceux où les *vices sont établis & les vertus proscrites par les loix.* Vainement l'Auteur de la Lettre cite - t - il l'*ad duritiam cordis* des livres saints (*e*) : ce mot n'a été dit que de la répudiation qu'on voit expliquée au 24.ᵉ chapitre du Deutéronome. Or selon beaucoup d'Interprètes & de Théologiens, cette loi de la répudiation n'exemptoit que de la peine portée contre les adultères, & non du péché dont on se rendoit toujours coupable en violant la loi primitive de l'in-

E 6

disso-

(*d*) Sans doute parce que ces loix doivent être justes par les causes mêmes qui déterminent leur établissement, & c'est ce qu'on disoit.

(*e*) Il auroit pû citer mille autres causes, & particuliérement les inspirations dont le Journaliste parle dans ce volume, page 559. Elles sont fort difficiles à concilier avec la loi naturelle & avec le Décalogue.

diſſolubilité du mariage. Il y a encore d'autres commentaires ſur la répudia-tion & ſur le mot *ad duritiam cordis*; mais aucun ne porte à croire que la loi Moſaïque ait *établi* ou même *permis di-*rectement *des vices*, qu'elle ait *interdit* & *proſcrit des vertus*. Nous ferions un livre, ſi nous voulions diſcuter tous ces objets, éclaircir toutes les obſcurités ré-pandues dans la lettre qu'on nous adreſ-ſe, montrer les contradictions qu'elle renferme, déduire les conſéquences per-nicieuſes qui ſont liées immédiatement aux principes qu'elle hazarde.

Nous avions reproché à l'Auteur *de l'Eſprit* ſon matérialiſme : en quoi nous ſommes très ſurs d'avoir penſé comme tous ceux qui ſe ſont élevés contre ce dangereux livre. Or voici l'apologiſte qui nous demande ſi nous *prétendons ſoutenir que l'évidence de l'immatérialité de l'ame ſoit un article de foi?* Queſtion
très

très mal énoncée (*f*) : il falloit demander simplement, *s'il est de foi que l'ame est immatérielle*; & nous répondrions très affirmativement, sans renoncer toutefois à l'avantage de regarder cette même vérité comme démontrée en Métaphysique : car ceci est un des cas où la foi & la Philosophie ne s'excluent point, parce que chacune a ses motifs propres ; sçavoir, la révélation d'une part, & le raisonnement de l'autre.

Mais, ajoute-t-on, *ceux qui regardent l'immortalité* (*g*) *de l'ame comme un article*

(*f*) La question est très bien énoncée. L'Auteur *de l'Esprit* convient avec le Journaliste, & avec tout le monde, que l'ame est immatérielle. Il est question ici de sçavoir s'il est de foi que cette immatérialité soit démontrée par la raison.

(*g*) L'immortalité est visiblement ici une faute d'impression, qui cependant ne brouille

ticle de foi, pensent au contraire que cette vérité n'est pas évidente, puisqu'elle est révélée par la foi. On brouille encore tout dans cette objection ; il s'agissoit plus haut de *l'immatérialité*, & l'on parle ici de *l'immortalité* : deux choses assez différentes pour n'être point confondues dans un écrit polémique. Et l'on n'explique point encore ce qu'on entend par *immortalité* : ce mot a deux sens ; il signifie, & ce qui n'a en soi aucun principe de dissolution, & ce qui doit subsister éternellement. Il est vrai que dans ces deux significations l'immortalité

lité

le qu'autant que le Journaliste brouille tout lui-même : l'objection n'en tombe pas moins sur l'immatérialité, qui est également décidée par la foi. Il élude la question, en disant qu'une vérité, entant que révélée, n'est pas évidente. L'immatérialité de l'ame n'est donc pas évidente, entant qu'elle est révélée.

lité de l'ame est un point révélé par la foi; mais entant que révélé, il n'est point évident; la révélation faisant connoitre simplement qu'une telle chose est, & non ce qu'elle est dans sa nature.

L'Auteur de l'Esprit réduit toutes les facultés de l'ame à *sentir*. Et nous avons conclu de cette doctrine, qu'il n'y avoit ni idée claire, ni évidence, *puisque le sentiment est toujours obscur.* Tout cela est certain dans les principes de la saine Philosophie : car le sentiment interne, quoique très certain & très infaillible, n'éclaire pourtant point l'esprit sur la nature des objets (*h*). On a, par exemple, une sensa-

(*h*) Il ne falloit pas conclure que le sentiment est toujours obscur, puisque c'est par lui que nous sommes conduits, sans obscurité, à la certitude des vérités de la foi &c. Sont-ce des idées innées qui nous éclairent sur la nature des objets?

senfation de chaleur, de lumiére, de couleurs, &c. On ne peut douter que cette affection ne foit préfente à l'ame, & l'on ne peut expliquer cependant, au moyen de cette affection, ce que la chaleur, la lumiére, les couleurs font en elles - mêmes. Voilà tout ce que nous avons voulu dire, & cela n'eft affurément pas d'une Métaphyfique fort recherchée & fort difficile à faifir. (i)

Que fait l'Apologifte? il nous demande encore *s'il s'agit ici d'un article de foi?* A quoi nous répondons que, comme la doctrine du *livre de l'Efprit* fur le fentiment, ou, comme il s'exprime, fur la *fenfibilité phyfique*, eft le fondement de fon matérialifme; en ce fens on ne peut difconvenir que cette doctrine n'intéreffe la foi. Eh! que feroit

l'hom-

____

(i) On convient avec le Journalifte que la Métaphyfique n'eft pas fort recherchée.

l'homme s'il n'étoit capable que de sentir ? il n'y auroit en lui ni liberté, ni
principe de mérite, ni vertu réelle : (*k*)
& c'est bien aussi ce que prétend *l'Auteur
de l'Esprit*. En cela, comme en tout le
reste, nous ne lui prêtons aucunes *intentions odieuses*. Son livre ne parle que
trop. Mais, ajoute-t-on, le P. BUF-
FIER a tenu la même opinion ; Il enseigne que nous n'avons de pensées &
de connoissances que par l'usage des sens,
qui sont une partie du corps. Eh bien !
cela prouve-t-il que toutes les facultés
de l'ame se réduisent à sentir ? le Père
BUFFIER entend que l'usage de nos sens
est la cause occasionnelle de ce qui se
passe dans notre ame : Il ne prétend, ni

que

(*k*) Ainsi le Journaliste décide que tous les
Pères de l'Eglise, les Docteurs, &c, qui avant
DESCARTES ne connoissoient pas les idées in-
nées, n'admettoient point la liberté, &c.

que les fens foient la caufe efficiente de nos penfées, ni que le jugement, le raifonnement, la réminifcence, l'action de notre libre arbitre, qu'en un mot, toutes les opérations de notre ame foient confondues avec le fentiment.

On nous dit que notre opinion appointée contre celle *de l'Efprit* détruiroit *toute évidence des fens*, *& que ce feroit là un abyme de doutes par rapport à la Religion*. Mais quel abus des termes! 1°. Il n'y a point, à parler en rigueur, d'*évidence des fens*; il y a fimplement *certitude* dans le témoignage qu'ils rendent. L'évidence eft refervée à l'idée claire, quoi qu'en dife l'*Auteur de l'Efprit*, qui ne s'eft guères embarraffé de *mettre une enfeigne à l'hôtellerie de l'évidence*: c'eft l'expreffion dont il fe fert lui-même. 2°. En niant que toutes les facultés & toutes les opérations de l'ame fe réduifent à fentir, on n'infirn'infirme point le témoignage des sens, on l'établit au contraire, puisqu'on maintient dans l'ame la liberté & le pouvoir de juger, de raisonner, de se déterminer d'après les sensations occasionnées par le témoignage des sens.

L'Auteur anonyme de la lettre prétend excuser la tolérance universelle qui perce de toutes parts dans le livre *de l'Esprit*. Cette tolérance, dit-on, ne marque aucune indifférence pour la Religion, c'est seulement l'effet d'une inclination pacifique &c. Ceci est singulier. Le livre *de l'Esprit* abonde en principes tout-à-fait contraires aux dogmes & à la morale du Christianisme. Il qualifie sans cesse de *superstition* la piété & le zèle. Il ne reconnoît d'autre ressort dans l'homme que *l'intérêt & la passion*. Il assure que *les plaisirs des sens sont l'unique objet des désirs de l'homme*: ce qui entraîne l'extinction de tout sentiment

pour

pour Dieu, de toute tendance vers la vie future. Il trouve chez les Turcs, les Chinois matérialiftes, les Saducéens ennemis de l'immortalité de l'ame, les Gymnofophiftes toujours accufés d'athéïfme, autant de motifs pour pratiquer la vertu que chez les Chrêtiens. Et l'on veut nous perfuader que cet écrivain n'annonce point l'indifférence totale en matiére de Religion? Que ne dit-on plûtôt qu'il auroit fallu faire une critique plus forte fur cet article & fur d'autres? Mais ce qui manque à la *Notice de Septembre* fe trouve dans nos *extraits d'Octobre & de Novembre.*

Que penfe l'anonyme de la liberté, objet fi peu & fi mal ménagé dans *le livre de l'Efprit?* L'apologifte en réduit l'exercice à un acte de *l'intelligence éclairée fur fon intérêt.* (1) D'où il faudroit

conclure,

_____

(1) *Bien entendu* eft fupprimé; pourquoi?

conclure 1°. qu'il n'y auroit jamais de choix véritable : ce qui eſt bien évident, puiſqu'à la préſence des motifs qui favoriſeroient l'intérêt, il ſeroit impoſſible de ne pas ſuivre cette lumiére. (m) 2°. Que deux hommes également éclairés choiſiroient toujours de la même façon, ce qui eſt manifeſte par l'énoncé même des termes. 3°. Que la volonté ne s'égareroit jamais : & quels égaremens en effet pourroit-on craindre dans l'hypothèſe *d'une intelligence éclairée ?* Mais enfin quelle liberté peut donc compatir avec un ſyſtême où tout eſt *ſenſibilité physique*, où tout ſe gouverne par attraction comme les corps, où la paſſion néceſſite à l'amour du vice ou de la vertu ? &c.

Et

(m) Voyez les étranges conſéquences de ces concluſions du Journaliſte dans les remarques ſur la liberté.

Et fur les paffions que nous dit la lettre ? Cet article feroit rifible s'il s'agiffoit d'objets moins importans. L'Auteur voudroit nous faire accroire qu'il n'y a que les affections vives de l'âme, & non les affections déréglées, qu'on exalte dans le livre *de l'Efprit*. Mais on citeroit cent endroits de cet ouvrage, où les paffions, ou ce qui eft la même chofe, les affections les plus féroces, les plus honteufes, les plus revoltées contre la raifon, reçoivent des éloges. Brifons fur ce point, qui fera toujours le défefpoir d'un apologifte de ce livre trop fameux.

Il contient véritablement, comme nous l'avons obfervé, des principes d'où peuvent naître quantité de conféquences très préjudiciables au bon ordre & à la paix des Etats. L'Apologifte oferoit-il bien prendre la défenfe de ce que dit *l'Efprit* dans le Chapitre *de la puiffance des paffions ?*

ſions? (*n*) Croiroit-il pouvoir juſtifier les anecdotes qu'on cite de DICEARQUE, d'OMAR, de la femme Chinoiſe, d'HELVIDIUS &c. *& la fauſſe curioſité* qui contribue tant à faire des matérialiſtes, des Déiſtes, des inventeurs de ſyſtêmes abominables ; & la mauvaiſe manière de conclure du particulier au général, d'imputer, par exemple, à l'Egliſe ce qu'un ſimple tribunal d'Inquiſition ordonna ſur GALILE'E (*o*), & mille traits enve-

(*n*) Voyez les remarques ſur les paſſions : on ne peut-voir ici ſans indignation celle qui agite le Journaliſte.

(*o*) Le Journaliſte trouve mauvais qu'on ſoutienne que l'Egliſe n'a pas droit de décider ſur les connoiſſances naturelles. Il rejette l'erreur du jugement qu'on rapporte ſur l'invalidité du tribunal qui a prononcé, & qui cependant a droit de perſécuter. Mais défendra-t-il mieux le décret du Pape ZACHA-
RIE

envenimés qu'on lance contre les Miniſtres de la Religion, contre la piété,
contre le zèle &c. L'Auteur de la lettre
ſe chargeroit-il bien de les appuyer, ou
même de les excuſer?

RIE contre VIRGILE, qui ſoutenoit l'exiſtence
des Antipodes? ,, Il faut, dit ce Pontife, le
,, ſéparer de l'Egliſe dans un Concile, après
,, que vous l'aurez dégradé de la Prêtriſe.
Hiſt. d'Irlande par Mr. l'Abbé Mageoghegan.

REMAR-

REMARQUES.

De la Loi Naturelle.

IL suffit de comparer la lettre adreffée au Journalifte, avec l'extrait qu'il en fait, pour que fon infidélité fe décèle aux yeux les moins clairvoyans. Il voudroit faire entendre que l'Auteur de la lettre nie l'exiftence de la Loi naturelle, parce qu'il établit & fait fentir la néceffité des loix pofitives, pour affurer la conduite des hommes dans les circonftances les plus importantes. *Cette Loi*, dit le Journalifte, *eft très claire & très diftincte dans fes*

F

prin-

principes. Qui peut ignorer, par exemple, qu'on doit un tribut d'hommages & d'amour au Créateur; qu'on est obligé d'épargner aux autres le mal auquel on ne voudroit pas être exposé soi - même.? &c.

Cette doctrine lumineuse qu'étale ici le Journaliste doit sans doute faire regretter qu'il n'ait pas poussé plus avant ses recherches, & qu'il ne les ait pas appliquées à quelques circonstances moins vagues & plus positives. Les Rois excommuniés & déposés, les Royaumes interdits, les sujets déliés du serment de fidélité, des Croisades établies contre des Princes légitimes, les peuples forcés sous peine d'excom-

muni-

munication à prendre les armes contre leurs Souverains; voilà de ces problêmes que le Critique devoit se proposer, & sur lesquels on lui auroit eu obligation de s'expliquer nettement: ce sont des cas, malheureusement trop fréquens, sur lesquels les peuples ont eu à se décider. D'un côté la puissance Eccléfiastique menaçante & armée de foudres sacrés, de l'autre l'autorité légitime des Rois & des Tribunaux Souverains, peuvent leur offrir différens aspects d'obligations & suspendre leur détermination.

Dans cette complication d'i-dées, & cette apparente contra-riété de devoirs, faudra-t-il qu'ils

se.

ſe décident par l'idée métaphyſique de la loi naturelle, abſtrac-
tion faite des droits des Puiſſances & des droits naturels des Nations? Ces droits s'oppoſent au
deſpotiſme d'une Puiſſance en-
tiérement étrangère aux conven-
tions primitives, & aux loix fondamentales de l'établiſſement des
ſociétés. Les ſociétés ont-elles
pû perdre ces droits inaliénables
en embraſſant le Chriſtianiſme?
L'autorité des Puiſſances eſt d'inſtitution divine, & les droits des
Nations ont la même inſtitution.
Voiez *le troiſiéme livre des Rois,
Chap.* 21, & *l'Epitre aux Romains Chap.* 13. Voilà l'ordre naturel établi par les loix univer-
ſelles

felles de la jurifprudence divine confidérée dans les rapports effentiels qui conftituent le jufte & l'injufte. Or les efprits bornés, les ignorans, pourront-ils dans les cas compliqués démêler clairement leurs devoirs & leurs droits par la notion abftraite du jufte & de l'injufte?

Le jufte & l'injufte font des termes rélatifs à tous les différens cas qui en déterminent effentiellement la fignification & l'objet. L'expérience ne nous prouve que trop jufqu'à quel point des efprits artificieux ont trompé les hommes par la fauffe interprétation de l'idée abftraite de la

Loi

Loi naturelle. (*a*) Mais confidérons cette loi divine rélativement à la confcience de chaque homme, & rélativement à la légiflation, afin de réduire le Journalifte à des idées exactes fur cette matiére. *La Loi naturelle*, dit-il, *eft ce flambeau intérieur que Dieu donne*

(*a*) Certains fanatiques de nos jours, qui fe donnent pour les fucceffeurs des *Arnaud* & des *Nicole*, & qui deshonorent ces noms à jamais refpectables, prétendent que fous la Loi nouvelle Dieu difpenfe de la Loi naturelle, comme il en a difpenfé, fous la Loi ancienne, Judith, & tous les infpirés : en conféquence ils fe permettent mille horreurs fous prétexte d'infpiration. D'un autre côté un directeur Jéfuite avoit perfuadé

donne à l'homme pour lui servir de guide. Quel langage pour un homme qui s'eſt chargé de la fonction de Critique! *Le flambeau eſt la lumiére qui éclaire, & qui fait appercevoir la loi que le Créateur a inſtituée; mais la lumiére qui fait appercevoir la loi n'eſt*

F 4

pas

dé à un troupeau de filles qu'elles ne pouvoient s'aſſurer d'avoir recouvré leur innocence naturelle que par l'oubli de la honte, premier effet de la perte de cette innocence ; ainſi il avoit des parfaites à différens degrés, & le terme extrême de la perfection conſiſtoit à ne plus rougir d'une nudité complette. On pourroit multiplier à l'infini les exemples ſcandaleux d'interprétation, ou de diſpenſe de la loi naturelle.

pas elle-même cette loi. *Le flambeau*, c'eſt la raiſon que Dieu a
donnée à l'homme, pour pénétrer dans l'ordre même des réalités morales, & pour y reconnoître la régle qui lui eſt preſ-
crite.

La Loi naturelle ne peut donc
pas ſe rapporter à une idée métaphyſique vague & abſtraite,
puiſqu'il faut que dans toutes les
circonſtances la raiſon embraſſe
l'ordre actuel de toutes les réalités morales qui doivent concourir à la décider. Ce n'eſt pas la
lumiére ni le ſentiment intime
de la loi qui guident uniquement
l'homme dans ſes délibérations.
Le ſentiment intime l'avertit, la
lumié-

lumiére l'éclaire; mais il faut de plus que les sensations représentatives des objets lui fournissent les motifs de bien & de mal physique, de bien & de mal moral, qui déterminent ses volontés décisives. La raison humaine n'est pas infaillible dans l'examen des cas un peu compliqués. Chaque homme, plus ou moins instruit, & diversement intéressé par les motifs qui le sollicitent, n'est pas toujours assez clairvoyant ni assez tranquille pour se décider clairement & rigoureusement par la Loi naturelle.

Les hommes sont donc exposés, chacun en particulier, à expliquer diversement les intentions de l'Etre suprême qui se mani-

F 5

feftent

feſtent à eux par l'uſage de leur raiſon.

Le Journaliſte oſeroit-il aſſu-rer que ceux mêmes qui ont ſans intérêt hazardé tant de déciſions contre la Loi naturelle, qui l'ont interprétée d'une façon ſi extra-ordinaire, comme la plûpart de ces Caſuiſtes que *le Provincial* a tant cités, fuſſent tous de mau-vaiſe foi ? Dans le grand nombre n'en eſt-il pas quelques-uns qui n'ayent fait que ſe méprendre ſur l'application de l'idée abſtraite du juſte & de l'injuſte, ſur l'inter-prétation des volontés de l'Etre Suprême rélativement à l'ordre moral ; mais il faut diſtinguer l'ordre moral primitif d'avec l'or-dre

dre moral politique. Le premier consiste à aimer Dieu par-dessus toutes choses & notre prochain comme nous-mêmes : l'autre a pour objet le bien général d'une société gouvernée par une autorité souveraine, conformément aux droits de la nature & des gens.

L'Auteur du livre de l'Esprit n'a en vüe dans son ouvrage que cet ordre moral politique, dans lequel les hommes doivent être assujettis à des loix positives qui dirigent leurs penchans & leurs passions vers le bien général de la société. Les loix civiles positives doivent sans doute être dictées par l'équité ; mais elles ne peuvent pas supposer que ce prin-

cipe

cipe soit prédominant dans ceux à qui elles le prescrivent. Il faut donc qu'elles cherchent à les intéresser par des motifs plus agissans; & c'étoit uniquement à ce genre de législation que devoit se rapporter la critique du Journaliste. Il ne s'agissoit pas de ce que la Loi naturelle prescrit aux particuliers, mais des moyens que les Législateurs ont en main pour la faire observer. Or la connoissance de l'homme physique ou animal est nécessaire, sinon pour instruire, au moins pour former l'homme moral, l'homme sociable, l'homme patriote conduit par la sensibilité & par l'intérêt bien entendu; C'est là visi-

visiblement & uniquement le but
de *l'Auteur de l'Esprit* : Mais on
pardonneroit au Journaliste son
zèle en faveur de la Loi naturelle,
si ce zèle étoit sincère. Il pouvoit
n'avoir pas apperçu que *l'Auteur de l'Esprit* suppose partout
la réalité des devoirs inspirés par
cette loi divine. Son livre, comme le Journaliste en convient, a
pour objet de prouver que les
hommes peuvent être conduits à
la pratique des vertus morales par
de *bonnes loix* : Or de *bonnes loix*
ont nécessairement un principe
par lequel elles sont jugées *bonnes* ; & quel peut être ce principe, sinon la raison universelle,
la jurisprudence divine inspirée

à

à tous les hommes ? S'il propofe le bien public comme l'objet vi-fible de la plus grande vertu, ré-lativement à l'Etat politique, c'eft qu'un homme, dont toutes les démarches n'auroient pour but que le bien public bien ap-perçû, feroit toujours jufte à cet égard, & rempliroit tous les de-voirs de la Loi naturelle (*a*).

On auroit tort d'exiger d'un Critique qui fe croit intéreffé une droiture complette ; mais au moins

(*a*) Qu'y a-t-il, dit MARC AURELE, à quoi nous devions nous appliquer & qui mérite tous nos foins ? Ceci feule-ment, d'avoir l'ame jufte & de faire de bonnes actions, c'eft - à - dire des ac-tions utiles à la fociété.

moins l'infidélité doit-elle être adroite & colorée, & l'on ne peut voir, fans une furprife amère, ce zèle faux ouvertement démenti par le Journalifte.

Il fait fervir la Loi naturelle de prétexte aux premiéres accufations qu'il intente contre *le livre de l'Efprit*; & ailleurs, dans le *Journal de Janvier* 1759. *p.* 72. *& fuivantes*, il fait tous fes efforts pour infirmer l'exiftence de cette loi. Il acquiefce avec complaifance, il applaudit au fentiment du Père Ansaldi Dominicain, qui prétend que l'idée » de l'honnête & de fon empire » fur l'homme n'a jamais pû être » qu'une imagination, ou une
» en-

» entité abstraite : idée de l'hon-
» nête en effet, qui dans le sys-
» tême des Stoïciens n'étoit éma-
» née d'aucun être subsistant éter-
» nel, & souverainement parfait;
» qui par elle-même n'intimoit ni
» récompenses ni châtimens; qui
» par cette raison ne devoit ar-
» rêter ni les fougues de la colè-
» re, ni les attentats de l'ambi-
» tion, ni les fourberies de l'ava-
» rice, ni les folies du libertina-
» ge. Cette belle fantaisie de
» l'honnête, dit notre Auteur,
» d'après un Anglois, cette fille
» du Ciel, dont on exalte les char-
» mes & les vertus, n'étoit pour-
» tant recherchée de personne,
» *parce que les Philosophes ne lui*
» *avoient*

» avoient pas *donné de dot*, c'est-
» à-dire, parce que la Philoso-
» phie s'étoit contentée de la
» louër, sans lui départir le moin-
» dre attribut réel & efficace…
» Le Stoïcien laisse moins de ref-
» sources à la vertu que l'idolâ-
» tre, puisqu'il y a toujours, dans
» l'idolâtrie même, un système
» de législation religieuse, un
» corps de devoirs à remplir, une
» vie future avec ses suites &c.
» Comment seroit-il donc vrai
» que la doctrine Stoïcienne peut
» rendre l'homme vertueux, le
» conduire au bonheur, lui ap-
» prendre du moins à se faire un
» sort plus supportable ?

On pourroit croire que ce n'est
qu'à

qu'à la secte particuliére des Stoïciens que le Journaliste, appuyé
du Père ANSALDI, refuse les
connoissances primitives & essentielles inspirées à tous les hommes avec la Loi naturelle. Mais
de peur qu'il ne reste là - dessus
quelqu'équivoque, il a soin d'assurer que » par les forces seules
» de la lumiére naturelle, & sans
» le flambeau de la Religion,
» l'homme ne peut s'assurer en
» cette vie qu'il sera heureux a-
» près sa mort. . . . . . Supposez,
» ajoute-t-il, que les Philosophes,
» Stoïciens ou autres, eussent des
» notions certaines sur la vie fu-
» ture, ils ne pouvoient les avoir
» qu'en conséquence de la tradi-
                              » tion

» tion du genre humain , & non
» par les seules forces de la raison.

Ici le Journaliste trouve encore le P. ANSALDI trop modéré.
» L'Auteur , dit-il , insinue bien
» en cet endroit que les Philoso-
» phes n'ont eu sur ces objets que
» des doutes , (encore faut-il en-
» tendre les Philosophes les plus
» modernes, les plus sensés , les plus
» attentifs ; car la plûpart furent
» de vrais Athées , des précurseurs
» de SPINOSA , des matérialistes
» grossiers :) mais on désireroit
» que le P. ANSALDI eût bien
» fait sentir que des conjectures,
» des soupçons , des probabilités
» sur la vie & les récompenses
» futures, ne pouvoient servir de
» pré-

» préfervatif ou de remède aux
» Stoïciens contre les traverfes de
» la vie préfente. Il nous femble
» qu'un peu plus d'attention fur
» ce point eût détruit jufqu'aux
» derniers retranchemens.........
» C'eft en effet un cahos que tou-
» te cette doctrine philofophique
» des prétendus maîtres du genre
» humain. Un mot de l'Evangile
» met en poudre tout ce fatras de
» ZENON, de MARC AURELE &
» de leurs admirateurs (a).

Ces

(a) Voici donc un échantillon de ce *fatras* que l'Evangile met en poudre, fe-lon le Journalifte.... Ce que la nature & la raifon demandent, dit MARC AU-RELE, c'eft que tu retiennes ton con-

fen-

Ces assertions impies, indépendamment de la fausseté dont
elles

sentement, que tu aimes les hommes,
& que tu obéisses aux Dieux.

Révére les Dieux, procure le salut
aux hommes. La vie est courte, & le
seul fruit de cette vie terrestre, c'est la
sainteté & les bonnes actions. Il n'y a
qu'un monde qui comprend tout, qu'un
Dieu qui est en tout, qu'une matiére,
qu'une raison commune à tous les animaux raisonnables, qu'une vérité &
qu'une perfection pour les animaux de
même espéce & qui participent à la même raison......... Ce qui est de la terre
retournera à la terre, & ce qui est du
Ciel retournera au Ciel.

Quand les libertins te demanderont
où tu as vû les Dieux, & comment tu
sçais qu'il y en a pour leur rendre un

elles font dans le fait, & qui eft fuffifamment prouvée par les paf-
fages

fi grand culte, tu leur répondras que quoique tu ne voyes pas ton ame, tu ne laiffès pas de la refpecter; qu'il en eft de même des Dieux. Les effets merveilleux, que tu reffens tous les jours de leur pouvoir, te prouvent qu'ils font & font que tu les adores.

A toute heure applique-toi fortement à faire avec gravité, avec douceur, avec liberté, & avec juftice, ce que tu fais, & à éloigner toutes les autres penfées qui pourroient t'en détourner. Or le moyen le plus fûr de les détourner, c'eft de faire chaque action, comme fi elle devoit être la derniére de ta vie, fans témérité, fans aucune revolte contre la raifon, fans déguifement, fans amour propre, & avec un parfait acquiefcement

aux

sages ci-deffous, tendent ouvertement à détruire le pouvoir de
la

aux ordres des Dieux.

Un homme qui ne remet point de
jour à autre à se rendre plus parfait,
doit être regardé comme le Prêtre &
le Ministre des Dieux, servant toujours
la Divinité qui est confacrée au dedans
de lui, comme dans un temple. C'est
cette Divinité propice qui le rend in-
domptable à la volupté, invulnérable
à la douleur, inaccessible au vice, &
à tous les defirs déréglés.

La morale d'EPICTETE, Stoïcien
ainsi que MARC-AURELE, n'est ni moins
admirable ni moins pieuse que celle de
cet Empereur Philosophe.

Tu es, dit-il, dans une place émi-
nente, & te voilà le persécuteur & le
tyran de ton prochain! Ne te souvien-
dras-

la Loi naturelle, en anéantissant la
sanction qui la rend obligatoire
pour

dras - tu donc plus qui tu es, & à qui
tu commandes ? c'est à tes parens, à
tes frères, & Dieu est leur père commun
comme le tien. Mais j'ai acheté ma
charge; j'ai mes prérogatives & mes
droits. Malheureux ! toutes tes pensées
ne font que terre & que boüe. Tu ne
regardes que ces misérables loix humaines qui font les loix des morts, & tu ne
portes point ta vuë fur les loix du Dieu
vivant.

Si tu étois une statue de Phidias,
sa Minerve ou son Jupiter, & que tu
eusses quelque sentiment, tu te donne-
rois bien de garde, en te souvenant de
l'ouvrier qui t'auroit formé, de rien faire
qui fût indigne de lui & de toi-même;
& tu ne voudrois pas paroître dans un
état

pour tous les hommes. Cette Loi
divine, par laquelle ils difcernent
le

état indécent qui deshonorât ta beauté.
C'eft Dieu qui t'a fait, & tu ne te fou-
cies pas en quel état tu paroiffes; tu
deshonores la main qui t'a formé.

Tu réunis en toi des qualités qui demandent chacune des devoirs qu'il faut
remplir. Tu es homme; tu es citoyen
du monde; tu es fils de Dieu; tu es le
frère de tous les hommes. Après cela,
felon d'autres égards, tu es Sénateur ou
dans quelqu'autre dignité; tu es jeune
ou vieux, tu es fils, tu es père, tu es
mari; Penfe à quoi tous ces noms t'engagent, & tâche de n'en deshonorer
aucun.

Dans quelle occupation veux-tu que
la mort te furprenne? Pour moi, je
voudrois qu'elle me furprît dans une

 action

le jufte & l'injufte dans l'ufage
de leur liberté, n'eft donc plus felon

action digne de l'homme, grande, géné-
reufe, & utile au public; ou plutôt,
je voudrois qu'elle me trouvât occupé
à me corriger moi-même, & attentif à
tous mes devoirs, afin que dans ce
moment je fuffe en état de lever au Ciel
mes mains pures.

CICERON, qui avoit embraffé une
autre Philofophie que la Stoïcienne,
s'exprime ainfi dans fon traité *de la vieil-
leffe*: „ Voici ce que je penfe, & de quoi
„ je me fuis convaincu. Voyant la gran-
„ de activité de nos efprits, la mémoi-
„ re du paffé, la prévoyance de l'avenir,
„ tant d'arts, de fciences fi confidéra-
„ bles, & tant de découvertes, je fens
„ qu'une nature qui renferme en foi le
„ fonds de tant de chofes ne fçauroit être
„ mortelle.   Dans
„

lon ce Critique, qui nous en avertit expreſſément, qu'une loi illu-
G 2 ſoire

Dans les *Tuſculanes*, après avoir réfléchi ſur les propriétés de l'ame, il dit :
„ Jamais on ne trouvera d'où l'homme
„ reçoit ces divines qualités, à moins de
„ remonter à un Dieu. L'ame eſt donc
„ d'une ſinguliére nature, qui n'a rien
„ de commun avec les élémens que nous
„ connoiſſons. Ainſi quelle que ſoit la
„ nature d'un être qui a ſentiment, in-
„ telligence, principe de vie; cet être
„ là eſt céleſte, il eſt divin, & néceſſai-
„ rement immortel.

On pourroit citer cent paſſages de
différens Philoſophes qui ont reconnu
l'immortalité de l'ame & la ſanction d'u-
ne loi naturelle obligatoire : mais ce
petit nombre ſuffit pour montrer la fauſ-
ſeté de l'opinion du Journaliſte, dont
l'im-

foire fur laquelle on ne peut a-
voir que des doutes, & qui ne
fournit aucune *dot*, aucun fondement légitime d'efpérance. Voilà cet homme qui fait un crime
à *l'Auteur de l'Efprit* d'avoir dit
que SENEQUE n'étoit pas pleinement affuré de l'immortalité de
l'ame ; le voilà qui lui-même
vient nous enfeigner que tous les
Philofophes de l'antiquité n'ont
pu avoir là deffus que des doutes,
qui *même n'étoient que des traces
du culte primitif.* Mais fi cette connoiffance effentielle n'étoit que
tranfmife, elle n'étoit donc pas
natu-

l'impiété eft d'ailleurs flétrie par la doctrine du refpectable Clergé de France.

naturellement inspirée; elle man-
quoit donc à ceux qui avoient
perdu la trace du culte primitif.
La loi divine n'obligeoit donc
pas tous les hommes, puisqu'elle pouvoit n'être pas univerfelle.
„ Cette doctrine, dit la Faculté de
Théologie de Paris, dans la cenfure même qu'elle a faite du *livre de l'Efprit*, „ eft une doctrine
» fauffe, fcandaleufe, qui con-
» tredit la croyance univerfelle
» de tous les lieux & de tous les
» tems, oppofée aux fentimens
» des Philofophes les plus célè-
» bres de l'antiquité Payenne;
» doctrine qui ôte à la vertu fes
» motifs les plus puiffans, & lâ-
» che la bride à tous les vices;

G 3   » qui

» qui eſt également injurieuſe à
» la ſageſſe, à la bonté & à la
» juſtice de Dieu, qui détruit
» les principes de la Religion
» naturelle &c.

Cette cenſure eſt nulle par rapport à *l'Auteur de l'Eſprit*, qui ne peut en rigueur être accuſé que d'une mépriſe ſur un doute particulier de Seneque; mais ne tombe-t-elle pas à plomb ſur le Journaliſte, qui careſſe avec tant de complaiſance cette idée, *que les anciens Philoſophes n'ont pû avoir que des doutes ſur l'immortalité de l'ame*, & ſur les autres vérités qui en dépendent? M. *l'Archevêque de Paris*, dans ſon Mandement ſur *le livre de l'Eſprit,*

prit, enseigne & fait respecter la doctrine sacrée de la Loi naturelle. On lui doit la justice de dire, que dans l'égarement même des imputations qu'il a faites au *livre de l'Esprit*, il a conservé la pureté du code essentiel de l'humanité. » Cet amour nécessaire » de l'existence, dit le Mande-ment, » cette ardeur dominante » que nous éprouvons pour la » gloire, ce cri violent de toutes » nos facultés vers la possession » d'un bonheur sans bornes & » sans vicissitudes, ne sont-ce pas » autant de gages d'une vie fu-» ture, autant de témoignages » sensibles & subsistans de l'im-» mortalité de l'ame? Argumens

G 4

» in-

» infaillibles par eux - mêmes, &
» qui fe préfentèrent à l'intelli-
» gence humaine jufqu'au milieu
» des ténèbres de l'idolatrie. . . . .
» Que penfez - vous, mes très
» chers frères, d'un fyftême qui
» anéantit tous les devoirs natu-
» rels de l'homme, qui fupprime
» toute influence de la loi divine
» fur nos cœurs, qui combat les
» notions communes du bien &
» du mal, qui ouvre la porte
» à tous les crimes en étouffant
» la voix de la confcience ? N'é-
» coutez point de pareilles leçons,
» mes très chers frères, fuyez-les
» comme une doctrine empeftée.

Cette doctrine empeftée, devoit
ajouter le Mandement, eft celle
d'un

d'un Journaliste qui ose soutenir
que les *Philosophes*, Stoïciens ou
autres, n'ont pû avoir des notions
certaines de la vie future, par les
seules forces de la raison; qu'encore il n'y a que les plus modérés,
les plus sensés, les plus attentifs
qui ayent pû avoir des doutes sur
ces objets; que le Stoïcien instruit
par la loi naturelle *laisse moins
de ressource à la vertu que l'ido-
lâtre*; que l'Evangile *met en poudre ces vérités indéfectibles dont
brillent des écrits des anciens Philosophes*; que *cette idée de l'honnête
(idée inspirée à tous les hommes
par les notions naturelles du juste
& de l'injuste) n'est qu'une imagination ou une entité abstraite*,

G 5

que

que c'eſt une fille ſans dot, & qui par là n'eſt recherchée de perſonne. *Inveterate dierum malorum*, diſoit DANIEL, à l'un de ces vieillards ſacriléges qui vouloient attenter à la dignité de la vertu la plus pure qui fût en Iſraël, *nunc venerunt peccata tua quæ operabaris prius judicans judicia injuſta . . . . recte mentitus es in caput tuum.*

Les Gentils, dit St. CHRYSOS-TOME cité dans le Mandement de Mr. *l'Archevêque de Paris*, blaſphémoient de cette maniére. » Cette Loi, diſoient-ils, n'eſt » point gravée dans les conſcien- » ces, & Dieu ne l'a point com- » muniquée à notre nature. Mais » ſi cela eſt, reprend le ſaint Do-

cteur,

&teur, » qu'eft-ce qui a donc dé-
» terminé les Légiflateurs des Na-
» tions à faire des loix fur les
» mariages, fur l'homicide, fur les
» teftamens, fur les dépôts, fur
» les droits & la fureté des ci-
» toyens, & fur une infinité d'au-
» tres fujets? Ces Légiflateurs
» auront pû être guidés par leurs
» pères, ceux-ci par leurs an-
» cêtres, & ces derniers par d'au-
» tres encore plus anciens; Mais
» enfin qui aura donc été le maître
» & le premier inftituteur des loix?
» N'eft-ce pas la confcience? n'eft-
» ce pas la Loi naturelle que Dieu
» a mife dans l'homme en lui don-
» nant l'exiftence & la vie?

    Cette loi divine qui oblige

G 6

tous

tous les hommes, est pourvue sans doute de toutes les conditions qui sont essentielles à une loi. En vain le Journaliste dira-t-il qu'il a rendu hommage à l'existence de cette loi. Ce n'est plus, comme il en convient lui-même, *qu'une loi illusoire, qui fournit moins de ressources à la vertu que l'idolatrie.* Une telle Loi, *sans dot*, ne peut être qu'*inefficace & stérile.* Ce sentiment, qui n'est pas celui des Théologiens orthodoxes, attaque la véracité de Dieu, & détruit par là l'authorité de l'Evangile même. Aussi tous les Théologiens ont-ils regardé toujours la certitude de l'immortalité de l'ame comme

une

une conséquence nécessaire de la
connoissance de la Loi naturelle.
» Les hommes de tous les siècles
» & de tous les pays, dit le *Dic-*
» *tionnaire Théologique*, ont tou-
» jours eu dans l'esprit que leur ame
» étoit immortelle. Qu'on remon-
» te jusqu'à la naissance des siè-
» cles, qu'on parcoure l'histoire
» des Royaumes & des Empi-
» res, on se convaincra que la
» croyance de l'immortalité de l'a-
» me a été & est encore la croyan-
» ce de tous les Peuples de l'uni-
» vers. La connoissance d'un seul
» Dieu a pu s'effacer sur la terre,
» les hommes ont pû s'égarer, &
» se sont égarés en effet, sur l'ob-
» jet de la Divinité, en la mul-
tipliant;

» tipliant ; mais le sentiment de
» l'immortalité de l'ame n'a pu
» s'effacer du cœur des peuples les
» plus grossiers. Ils attendent tous
» un avenir ; ils se figurent tous
» une région que nos ames ha-
» biteront après notre mort. Et
» cette croyance ne peut être un
» préjugé de l'éducation, puis-
» qu'elle est différente, selon les
» différens pays : Ce n'est point
» non plus une secte, car ce dog-
» me n'a point eu de Chef, ni
» de protecteur. Cependant les
» hommes se le font persuadé à
» eux-mêmes.

Ces conditions nécessaires de
la Loi naturelle & divine ne peuvent être contestées que par des
hom-

hommes attachés par intérêt à quelque fanatisme particulier. Encore ces ennemis qui la déteftent dans le cœur font-ils forcés au tourment de la confeffer de bouche. Ils n'ofent l'attaquer directement ; Ils ont l'air de la reconnoître : mais ils ufent de mille détours, pour borner fon pouvoir & infirmer la fanction fans laquelle elle ne feroit qu'illufoire, comme ils font contraints eux-mêmes de le remarquer. En effet fi la raifon épurée des plus grands Philofophes n'a pû leur donner que *des doutes fur l'immortalité de l'ame*, quels motifs la Loi de nature, intimée par Dieu même, leur auroit-elle propofés

fés pour les affujettir? Ce feroit *une fille fans dot*, comme dit le Journalifte. Mais cette opinion blafphématoire accufe & détruit la véracité & tous les attributs de l'Etre fuprême. S. JUSTIN Philofophe & Martyr va jufqu'à dire que *ceux qui fuivent la Loi naturelle font véritablement Chrétiens ; puifque* JESUS-CHRIST *n'eft autre chofe que ce Verbe divin, ce* λόγος, *& cette raifon naturelle dont tous les hommes font participans.* Et quicunque *fecundum rationem & verbum vixere Chriftiani funt quamvis Athei.*

Il eft vrai cependant que cette loi divine, qui conftitue l'homme raifonnable & moral, qui l'élèl'élève jusqu'à la connoiffance de l'Etre fuprême, & grave dans fon cœur l'image de la Divinité, ne s'étend pas jusqu'à l'ordre ineffable de la juftice de prédilection, jufqu'à celui des décrets irrévocables de la grace, de la prédeftination, des récompenfes deftinées au petit nombre d'élus parmi les fidéles. Ceux-ci jouïront de la vifion intuitive de Dieu, dont feront exclus tous les hommes privés des lumiéres de la révélation. (a) Cette juftice qui a choifi gratuitement & de toute éter-

(a) Ce fentiment paroît être celui de la plûpart des Théologiens Catholiques, quoique St. JUSTIN foit d'un avis contraire.

éternité un petit nombre de bien-
aimés, eft inacceffible aux lumiéres de la raifon humaine. C'eft
un myftère que les hommes doivent adorer, felon St. PAUL, &
qu'ils ne peuvent pénétrer.

Mais revenons à notre fujet.
Ce Critique, détracteur de la Loi
naturelle, en profane le nom fa-
cré, pour accufer l'*Auteur de l'Efprit*, & rendre aux honnétes gens
fa probité fufpecte; mais la raifon l'abandonne, ainfi que le fentiment de la loi, & il eft puni de
fes imputations par fes écarts.
L'intérêt, dit-il, *eft un principe très
frivole & très irréligieux; la loi
eft antérieure & fupérieure à tout
intérêt.* Il oublie fans doute que

fans

fans intérêt elle est *une fille fans dot*. Mais écoutons fur ce fujet un auteur plus profond & plus accrédité que le Journalifte.

» L'idée de la Loi naturelle, dit M. HÜBNER dans fon excellent *Effay fur l'hiftoire du droit naturel*, » eft inconteftablement rélative à » la nature de l'homme; c'eft-à- » dire, elle fe rapporte à fon ef- » fence ou à la conftitution de » fes parties & de fes facultés. Et » en effet les loix naturelles ne » font que le réfultat des réfle- » xions faites fur la nature de » l'homme, fur fa conftitution, » fur les rélations qu'il a avec les » êtres qui l'environnent, & fur » les différens états qui en naif- » fent.   » L'hom-

» L'homme veut être heu-
» reux, & il le veut, parce qu'il
» est un être intelligent & raison-
» nable, qui par sa nature même
» ne peut agir que dans une cer-
» taine vûe. Le désir de la félici-
» té est si intimément attaché à
» l'humanité, qu'il en est insépa-
» rable : il est donc aussi essentiel
» à l'homme que la raison même.
» Le terme de *la raison* indique
» déja qu'elle n'est qu'un calcul.
» *Raisonner*, c'est calculer & fai-
» re son compte en balançant les
» motifs de part & d'autre, pour
» voir enfin de quel côté est l'a-
» vantage. *Le sens moral & la*
» *raison* concourent à nous faire
» découvrir ce resultat qu'il nous

„ im-

» importe tant de trouver. Ce
» font les moyens par où nous
» difcernons nos devoirs, ou ce
» qui eft dicté par la Loi natu-
» relle. Cela étant, il y auroit
» certainement de la contradic-
» tion à fuppofer un être libre,
» intelligent & raifonnable, qui
» pût fe détacher fciemment &
» volontairement de fes intérêts,
» & être indifférent fur fa propre
» félicité.

    » Nous pouvons donc dire
» avec affurance, que l'homme
» n'agit qu'en vüe de fon bon-
» heur; qu'il le cherche toujours,
» & qu'il ne fçauroit fe départir
» de ce puiffant principe de tou-
» tes fes actions. Mais pour fa-
                 » tis-

» tisfaire à ce défir ardent qui
» l'aiguillonne fans ceffe, & pour
» parvenir au but qu'il fe pro-
» pofe avec tant de conftance, il
» faut néceffairement qu'il choi-
» fiffe les moyens propres pour
» l'y conduire. Celui qui veut la
» fin, doit auffi vouloir les mo-
» yens qui y font parvenir; tout
» comme celui qui veut arri-
» ver à un endroit, doit indif-
» penfablement prendre la route
» qui y mène. Il fuit de là que
» l'homme a befoin de quelques
» régles de conduite, qui puif-
» fent lui apprendre à la diriger
» conformément à fes vuës; &
» cela, d'autant plus qu'il eft un
» être libre, fufceptible de direc-
» tion,

» tion, comptable de ses actions
» & responsable de ses démar-
» ches. Ce font ces régles de di-
» rection de notre conduite, ces
» moyens de la félicité humaine,
» que nous appellons *Loix na-*
» *turelles.* L'observation de ces
» loix peut feule nous procurer
» le bonheur auquel l'humanité
» entiére aspire : elle peut feule
» nous rendre heureux d'une ma-
» niére folide & parfaite. Tout
» comme le mépris & la viola-
» tion de ces mêmes loix nous
» précipitent infailliblement tôt
» ou tard dans la misère, en nous
» éloignant de notre bonheur, à
» mesure que nous nous éloi-
„ gnons nous-mêmes de nos de-
„ voirs.   La

La Loi naturelle eſt donc liée à notre intérêt bien entendu, puiſque de la pratique des devoirs qu'elle preſcrit dépend notre bonheur. Mais, comme nous l'avons deja dit, il n'entroit, ni ne devoit entrer dans le plan de *l'Auteur de l'Eſprit* de traiter de ces devoirs. Il ne vouloit point examiner l'homme dans les rapports qu'il peut avoir avec Dieu; ainſi il n'a point fait un livre de Théologie naturelle; il n'avoit pas deſſein d'établir ce que l'homme ſe doit à lui-même, ni ce qu'un particulier doit à un autre; ainſi il n'a point fait un livre de morale particuliére.

L'Auteur de l'Eſprit paroît avoir

voir été profondément effrayé des maux qui défolent ici-bas les fociétés. Il a vû le défir du bonheur, naturel à tous, devenir effréné dans la plûpart, multiplier les crimes, anéantir dans prefque tous les cœurs les idées du jufte & de l'injufte, & réfifter même à tous préceptes de Morale & de Religion. Le moyen naturel de remédier à ces malheurs, n'eft-ce pas d'intéreffer par de bonnes loix les particuliers à concourir au bien général de la fociété dans laquelle ils vivent? Puifqu'il eft impoffible de détruire leurs paffions particuliéres, la politique doit les diriger, les exalter même vers le but qu'elle fe

H

pro-

proposé, qui est le bonheur de tous.

Comment ferez-vous observer vos loix? disoit Anacharsis à Solon. Celui-ci répondit, *Je les accommode si bien aux intérêts de mes concitoyens, qu'ils connoîtront évidemment qu'il leur est plus avantageux de les observer que de les violer.* Dieu lui-même est le modèle de cette conduite proposée aux Législateurs, par la sanction qu'il a établie pour assurer l'observation de ses loix, soit naturelles, soit positives.

De

De la connoiſſance de la nature de notre Ame.

IL étoit néceſſaire que tous les hommes euſſent la certitude & le ſentiment intime de l'immortalité de leur ame, parce que ſans cette connoiſſance la Loi naturelle qui leur eſt inſpirée eût été illuſoire & *ſans dot* : mais il n'y avoit pas la même néceſſité que nous connuſſions évidemment la nature de cette ame immortelle, & c'eſt par la foi ſeulement que nous ſommes pleinement inſtruits de ſon immatérialité. La droite raiſon, le ſentiment de la Loi naturelle, qui nous aſſurent de la

deſti-

deſtination de l'ame, ne nous é-
lèvent donc point juſqu'à la connoiſſance de ſa nature. L'idée
même d'immatérialité n'eſt que
négative; elle ne peut nous faire comprendre ce que c'eſt que
l'ame; & ce n'eſt pas la Philoſophie tranchante du Journaliſte
qui nous en inſtruira. L'immortalité eſt le but eſſentiel des diſ-
putes ſur la nature de l'ame;
mais l'idée de cette immortalité
de l'ame & de ſa deſtination ne
dérive point de ſon immatérialité que l'Egliſe nous enſeigne.
Le Journaliſte dit lui-même que
la queſtion de l'immatérialité de
l'ame n'influë point ſur celle de
l'immortalité.

Quand

Quand l'ame feroit matériel-le, il n'en feroit pas moins né-ceffaire que Dieu la conservât pour l'imputation morale ; & fans une conservation continuelle, matérielle ou immatérielle, elle n'en feroit pas plus immortelle. Il n'y a que Dieu qui foit par lui-même. Tout ce qui a été créé, efprit ou corps, ne dure que parce qu'il plait à Dieu de le conferver. Faites abftraction de cet acte de la Divinité, & l'efprit & le corps s'anéantiront indiftinctement; ainfi qu'on ne s'y trompe pas, un homme peut être matérialifte & religieux. C'eft le cas de la plûpart des anciens Phi-lofophes, & il ne me feroit pas

H 3   diffi-

difficile de prouver que ce fut auſſi celui des premiers Pères de l'Egliſe. Qu'on ſe donne ſeulement la peine de parcourir les ouvrages de SYNESIUS *Evêque d'Aléxandrie*, dont nous devons la traduction au P. PETAU.

Cependant la Métaphyſique du Journaliſte, qui, comme il lé dit lui-même, *n'eſt pas fort recherchée*, lui apprend que l'ame n'eſt pas ſuſceptible de diſſolution, & que c'eſt par là qu'elle eſt eſſentiellement immortelle. Eſt-ce donc la diſſolution qui eſt la cauſe de la mort des êtres vivants? Eſt-ce dans la diſſolution que conſiſte la mort des corps ? ou n'eſt-ce pas plutôt dans l'éxtinc-
tion

tion du mouvement qui les vivifie? Si telle étoit la volonté de Dieu, que l'ame immatérielle fût anéantie, ne le feroit-elle pas, quoiqu'elle ne foit pas fufceptible de diffolution? Mais en quoi confifte la vie de l'ame? Ne pourroit-elle pas ceffer de vivre fans être anéantie? Eft-il bien décidé que l'ame des bêtes foit matérielle? Si elle ne l'étoit pas, en feroit-elle moins mortelle? Si le Journalifte n'a point d'autres preuves de l'évidence de l'immatérialité & de l'immortalité de l'ame humaine, il ne nous conduira pas à la démonftration fur ces connoiffances, & il fera bien de nous laiffer affujettis

H 4

à

à la certitude de la foi.

„ Comme la force de ces ar-
» gumens métaphyfiques, dit le
Profeffeur FORDYCE, » dépend de
» quelques raifonnemens déliés
» concernant la nature, les pro-
» priétés & les diftinctions de
» l'ame & du corps qui ne nous
» font guères bien connuës, ils
» ne fe trouvent point du tout à
» la portée du commun des hom-
» mes ; & par rapport à ceux qui
» font les plus habiles, la con-
» viction va rarement au point
» qu'il ne leur refte encore quel-
» ques doutes à éclaircir. Ainfi il
» ne feroit peut-être pas à con-
» feiller de ne fonder la preuve
» d'un article de cette importan-

» ce ,

» ce , que fur ce que bien des
» gens appellent les fubtilités de
» l'école. Les preuves qu'on dé-
» duit de l'analogie de la conf-
» titution morale , & des phéno-
» mènes de l'ame , des attributs
» moraux de Dieu , & de l'é-
» tat préfent des chofes , font
» d'un tout autre genre : elles
» font claires , fimples & pro-
» pres à contenter tout efprit rai-
„ fonnable.

Quoique les prétenduës dé-
monftrations métaphyfiques ne
réuffiffent pas au Journalifte , on
pourroit excufer fon foible là-
deffus , fi fes raifonnemens ne
le conduifoient pas à des idées
très dangereufes , & fort voifines

H 5

de

de l'héréfie. Trop peu inftruit des décifions théologiques qui fixent la nature & l'union de l'ame & du corps, il attribuë à l'ame un pouvoir de *mériter* & de *démériter*, qu'elle n'a qu'en commun avec le corps. *Cette puiſſance, dit-il, qui nous rend capables d'embraſſer le parti de la vertu ou du vice, de mériter des récompenſes ou des châtimens.* Telle fut l'héréfie des fpirituels anathématifée en **1312.** par le Concile Oecuménique de Vienne, & condamnée de nouveau par le Ve. Concile de Latran.

Selon la doctrine de ces deux Conciles, *l'homme eſt compoſé de l'ame raiſonnable & du corps paſſible,*

fible, & l'ame eft effentiellement
la forme du corps humain. Pourquoi donc ce Journalifte dit - il,
que *la manière dont* l'Auteur de
l'Efprit *s'exprime fur la fenfibilité phyfique eft le fondement de fon
matérialifme* ?

Quelle interprétation veut - il
donner à ce mot *fenfibilité phyfique* ? n'entend-il que la fenfibilité
du corps *paffible* dont l'ame eft
la forme *effentielle*, ou la fenfibilité même de l'ame par laquelle le corps eft fenfible ? Mais ce
Critique, qui dit que *l'Auteur de
l'Efprit* réduit toutes les facultés
de *l'ame* à fentir, ne peut pas
l'accufer en même tems d'attribuer au *corps* feul cette faculté

H 6　　　　de

de fentir. Il ne dira pas non plus que cette faculté même, attribuée en commun à l'ame & au corps, foit le fondement du matérialif-me, puifque telle eft la décifion du Concile.

La Faculté de Théologie de Paris nous laiffe entrevoir des i-dées fort obfcures fur ces dog-mes, & il feroit fingulier qu'elle fe fût rencontrée avec le Jour-nalifte dans une méprife auffi im-portante. Elle taxe de Matéria-liftes & d'Athées les auteurs qui ont ofé mettre en doute s'il ne feroit pas poffible que le corps fût doüé de la faculté fenfitive. Auroit - elle donc été diftraite fur cette décifion de l'Eglife, *que le corps*

corps est même sensible, & que l'a-
me en est essentiellement la forme?

Elle ne veut pas reconnoître
dans les corps la faculté de pouvoir sentir, quoiqu'il soit décidé
que notre corps est *passible*. On
voit qu'ici elle dispute de l'acte
à la puissance, & que sa critique
ne peut tendre qu'à l'absurde.

Il est certain que par les seules
forces de la raison on n'arrive
point à l'évidence là-dessus. Les
plus clairvoyans, & la Faculté
elle-même, se perdent dans la profondeur de ces vérités.

C'est donc injustement qu'on
reproche aux Philosophes de s'en
tenir à la décision de l'Eglise
sur la nature de notre ame. Si
no-

notre corps, comme l'Eglise l'enseigne, est doué d'une faculté sensitive ou passible qui nous est commune avec tous les autres animaux, le sentiment intime de la Loi naturelle & de l'immortalité de l'ame distinguent essentiellement l'homme de la bête. Il ne peut méconnoître la lumiére divine qui l'éclaire, qui constituë en lui l'intelligence, la raison, & qui lui montre la régle de ses devoirs.

Sur

Sur l'Origine de nos Idées.

IL ne peut y avoir que deux opinions fur l'origine de nos idées : ou on les fait dériver des fens, ou on nous donne des idées innées. Il faut que le Journalifte ait la bonté de choifir : mais honteux lui-même de ce qu'il avance, ce n'eft qu'avec un embarras inexprimable qu'il cherche à fonder tout principe d'évidence fur des idées innées qu'il n'ofe expofer ; car enfin je lui demande ce qu'elles font ? Sont-elles purement affectives ? Dans ce cas elles appartiendroient à la faculté de fentir. Sont-ce des idées re-

pré-

préfentatives ? Mais il devroit bien nous dire comment elles font faites, quelle eft leur forme, comment elles différent des idées que nous avons des objets corporels, & qui nous font procurées par la voie des fens. Alors fi nous en avons de femblables, nous les reconnoîtrons bientôt à fon expofé; mais fi lui feul a des idées repréfentatives qu'il n'ait pas reçües par la voie des fens, il ne doit pas trouver mauvais qu'on n'en parle pas dans *le livre de l'Efprit.*

L'opinion qui fait dériver des fens toutes nos connoiffances, eft aujourd'hui celle de tous les Philofophes qui penfent que la Philofo-

lofophie ne confifte pas dans des mots qu'on n'entend point. „ Je fçai, dit M. HUBNER, que cet-
„te doctrine, quelque raifonna-
„ble & quelque bien fondée qu'el-
„le foit, a été fortement com-
„battue dans le fiécle paffé par
„un grand Philofophe, qui d'ail-
„leurs fait tant d'honneur à la
„France, & qui s'eft acquis un
„nom glorieux dans les faftes
„de la République des lettres;
„mais il faut compter parmi les
„égaremens de DESCARTES (car
„enfin les grands hommes n'en
„font point exempts) fon opi-
„nion des idées innées.

Le Journalifte voudroit faire entendre que le P. BUFFIER n'eft

pas

pas du sentiment de *l'Auteur de l'Esprit* sur l'origine de nos connoissances évidentes ; mais de quel front ose-t-on contredire un fait aussi notoire ? Sans l'écraser de tout le livre de ce Jésuite, il suffit d'en rapporter quelques traits. Qu'on lise à la *page 853.* la maniére dont se forment en nous les idées que nous nommons spirituelles.

„ Un objet sensible, dit le P. BUFFIER, „ ayant formé dans moi „ une idée, un autre objet pareil „ me cause une seconde idée : a-„ lors j'apperçois de la convenance „ entre ces deux idées ; voilà l'af-„ firmation. Si la seconde idée „ causée par l'objet sensible n'est „ point

„ point semblable à la premiére,
„ j'y trouve de la disconvenance ;
„ voilà la négation. Deux ob-
„ jets composés de beaucoup de
„ parties diverses causent en moi
„ deux idées complexes, compo-
„ sées chacune de beaucoup d'i-
„ dées partiales : en y faisant atten-
„ tion, je ne puis discerner si elles
„ sont précisément les mêmes & de
„ même nombre que celles de l'au-
„ tre côté ; alors je m'apperçois
„ que je ne discerne pas distinc-
„ tement ce que je voudrois, voi-
„ là le doute. Il en est ainsi de
„ *toutes les opérations de l'esprit*
„ qu'on voudroit faire passer pour
„ *indépendantes des sens.* Il est
„ manifeste qu'elles sont la suite
„ &

„ & le résultat d'une impression
„ causée, plus ou moins immé-
„ diatement, par *les objets sensi-*
„ *bles.* Or dans tout cela l'expé-
„ rience ne nous fait concevoir
„ *nulle différence entre l'imagina-*
„ *tion & la pure intelligence;*
„ puisque les idées *les plus spi-*
„ *rituelles,* telles que celles de la
„ pensée, de l'affirmation, du
„ doute, sont formées en nous
„ par des impressions sensibles.
Mais, dit le Journaliste, le *sen-*
timent est toujours obscur, & l'é-
vidence est reservée à l'idée claire.
Ecoutons encore sur ce sujet le
P. BUFFIER page 578.

„ C'est donc ce que tout Phi-
„ losophe doit bien peser, que

„ cette

„ cette force du sentiment de la
„ nature, pour en faire la base &
„ la régle de toute vérité: car il est
„ également impossible de juger
„ que le sentiment de la nature soit
„ opposé à aucune régle de véri-
„ té, ou qu'aucune régle de vé-
„ rité n'ait pour racine & pour
„ fondement le sentiment même
„ de la nature .... En effet
„ la premiére régle de vérité
„ reconnüe universellement de
„ tous, sçavoir le sentiment in-
„ time de notre propre percep-
„ tion, tirant toute sa force de
„ la nature, par-tout où se trou-
„ vera le sentiment de la Nature,
„ il se trouvera aussi une vraie
„ évidence, & une régle néces-
„ faire

„ faire de vérité: enforte qu'une
„ plus grande vivacité de la lu-
„ miére fera bien connoître une
„ vérité plus vivement , mais
„ non pas plus réellement.

Sur tous ces points , voici le réfultat de la critique du Journalifte. Le P. BUFFIER eft orthodoxe, parce qu'il a rapporté toute l'intelligence humaine à l'ufage des fens , & l'*Auteur du livre de l'Efprit* eft matérialifte , parce qu'il ne rapporte à l'ufage des fens que les *fentimens obfcurs.*

Mais d'un autre côté la Faculté de Théologie n'a pas bien faifi cette diftinction. *L'Auteur de l'Efprit* lui paroît *infenfé, matérialifte, athée,* parce qu'il fait dé-

dépendre dans l'ordre naturel, toutes les opérations de l'ame de l'ufage des fens & de la mémoire, & qu'il croit que l'état des organes des fens influe fur l'ufage de la raifon. Le P. BUFFIER n'eft point compris dans cette cenfure ni cité parmi les auteurs auxquels la Faculté reproche la même doctrine. Pour débarraffer l'*Auteur du livre de l'Efprit* de ces critiques contradictoires, il fuffit donc de prouver, comme nous l'avons fait, qu'il a exactement fuivi la doctrine du P. BUFFIER. On eft en droit de fe croire à couvert d'une pareille cenfure, quand on a le bonheur de n'être que le copifte

d'un

d'un Théologien Jéfuite. Le Journalifte paroît beaucoup moins attentif à la doctrine qu'aux Auteurs, & de là réfulte fouvent un peu de variété dans fes jugemens. Il trouve mauvais qu'on cite fur la Loi naturelle l'Evangile avec les Philofophes ; (*a*) mais il n'approuve pas non plus qu'on cite fur cette loi divine les Philofophes, fans citer l'Ecriture & les Pères. (*b*) Il croit que *l'Auteur de l'Efprit* n'étend pas affez la liberté de l'homme, & il trouve que

M.

(*a*) Extrait du livre de la régle des devoirs.

(*b*) Extrait de l'hift. du droit naturel, Avril 1759. p. 903.

M. HUBNER l'étend trop; (*c*) mais lui-même se garde bien d'en déterminer l'étendue, afin de se conserver, comme Théologien, le droit de contester sur la mesure. M. HUBNER a tort, selon lui, de ne s'être pas engagé dans cette carriére contentieuse.

Notre liberté nous est connüe par le sentiment intime; cependant nous éprouvons, dit le Journaliste, que nous sommes forcés par nos passions : (*d*) soit; mais il accuse *l'Auteur de l'Esprit* d'avoir eu la même idée,

I

d'a-

(*c*) Extrait de l'hist. du droit naturel, pag. 914.

(*d*) Ibidem.

d'avoir affujetti la liberté &
toutes les fonctions de l'ame aux
fenfations, & d'avoir borné les
fenfations aux *fentimens obfcurs.*
On lui a démontré que cet Auteur
rapporte la liberté à l'intelligence, ce qui prouve qu'il ne la rapporte pas aux *fentimens obfcurs.*
Mais le Journalifte rejette encore
cette idée, parce qu'il la trouve
trop favorable au bon ufage de
la liberté. Toujours en contradiction avec lui-même, il blâme
l'Auteur de l'Efprit de ne s'être
pas étendu fur les devoirs que
la Loi naturelle infpire aux hommes, & d'avoir penfé que, pour
leur fureté & leur bonheur, ils
doivent être affujettis à une bonne

ne légiflation : & il embraffe ouvertement le fentiment du P. ANSALDI, qui foutient que la Loi naturelle eft dénuée de motifs capables à déterminer les hommes à agir, & que par-là elle eft inefficace & ftérile. Il affure que l'homme ne peut agir fans intérêt, & il fait un crime à *l'Auteur de l'Efprit* d'avoir avancé que les hommes n'agiffent que par intérêt. Il ne lui pardonne pas non plus d'avoir douté des fentimens de SENEQUE fur l'immortalité de l'ame : Cependant il foutient avec le P. ANSALDI, que tous les Philofophes n'ont pu s'affurer de cette verité par les lumiéres de la raifon. Le Jour-

I 2

nalifte

naliste croit-il donc que ces différentes idées ne se contrarient
point, parce qu'elles ne sont pas
enseignées dans le même mois?
Cette doctrine incertaine du Journal de Trevoux seroit-elle des-
tinée à servir des intérêts différens & des passions particulie-
res? Chaque mois est marqué par
quelque changement dans la Religion du Journaliste, plus mobi-
le que les saisons même. Ce sont
cependant ces reproches faits par
lui au *Livre de l'Esprit*, & détruits
ensuite par ses contradictions,
qui font l'objet des critiques des
Chaumeix & des Gauchat. Il
est affligeant d'être contraint
d'associer à ces noms, qui ne ré-
veil-

veillent pas des idées d'eftime, cé-
lui de la Sorbonne, & de plufieurs perfonnes refpectables d'ailleurs par leur zèle & leur piété.

En fait d'opinions philofophiques, les honnêtes gens ne fçau-
roient trop fe mettre en garde
contre les imputations & les
qualifications que prodiguent
ceux qui croyent avoir intérêt
de combattre la raifon. Sans une
précaution extrême, on ne peut
pas fe défendre à cet égard d'injuftice & d'erreur, & ni l'une
ni l'autre ne font juftifiées par la
fainteté des motifs qui les font
adopter.

Parmi les perfonnes pieufes que

la Religion conduit, un grand
nombre soutiennent l'opinion des
idées innées, parce qu'elles la croient plus favorable aux vérités que
la foi nous enseigne; mais ce
zèle les trompe de plus d'une ma-
niere. » Les Théologiens, dit M.
BARBEYRAC, » donnent eux-mê-
» mes beaucoup de prise aux
» Athées, lorsque ne se con-
» tentant point des preuves in-
» contestables qu'on a des gran-
» des vérités de la Religion & de
» la Morale, ils s'entêtent par un
» zèle imprudent de quelques rai-
» sons pour le moins fort douteu-
» ses, criant après cela, que tout
» est perdu si l'on n'admet celles-
» ci comme les premiéres.

Je

Je ne mets point le Journaliste au rang de ces perſonnes
pieuſes. Dans quelques mépriſes
qu'il ſoit tombé d'ailleurs, je le
crois même trop éclairé pour être
de bonne foi lorſqu'il dit que
l'opinion de *l'Auteur de l'Eſprit*
(qui eſt celle de LOCKE, du P.
BUFFIER, & des plus célèbres
Philoſophes) réduit toutes les facultés de l'ame à un *ſentiment
toujours obſcur.* Cette conſéquence,
particuliére au Journaliſte, ne
ſuit ſûrement pas du principe :
car diſcerner, s'intéreſſer, délibérer, vouloir, raiſonner, juger,
ſe déterminer, tout cela dans l'ordre naturel s'exerce par nos ſenſations affectives & repréſentati-

I 4

ves.

ves. En effet toutes nos connoiſſances ſe rapportent à ces deux
ſortes de ſenſations, ſentimens
& idées. L'*Auteur de l'Eſprit* n'a
dit nulle part, comme le Journaliſte l'en accuſe, que toutes les
facultés & les opérations de l'a-
me ne conſiſtent que dans des
ſenſations purement affectives.
Ce ſont les idées repréſentatives
qui nous inſtruiſent de toutes les
cauſes conditionnelles de nos ſenſations, & toutes nos connoiſſances naturelles, de toute évidence du bien & du mal phyſique,
du bien & du mal moral rela-
tif aux créatures, de toutes les idées
qui nous aſſurent de l'exiſtence
d'un Etre ſuprême, & par leſ-

quel-

quelles nous parvenons à la certitude des vérités révélées, &c.
S'il est donc vrai, comme le dit
le Journaliste, que ces sensations
soient toujours obscures, comment pourrons-nous connoître les
objets avec certitude & être ins-
truits des vérités de la foi? Sou-
tiendra-t-il que *l'Auteur de l'Esprit*, qui, dit-il, réduit toutes les
facultés de l'ame à sentir, n'y ra-
porte pas toutes les sensations qui
nous procurent toutes nos connoissances naturelles? Osera-t-il
dire que cet Auteur borne toutes
les facultés de l'ame au sentiment
purement affectif des organes des
sens? Il ne l'osera pas.

Mais ces efforts qu'on fait pour

ramener nos connoiffances à une origine obfcure & chimérique, ne conduifent pas feulement à l'abfurdité, ils font encore très dangereux. La Faculté de Théologie, dans la cenfure du *Livre de l'Efprit*, ne s'eft pas défendue de ce piége, & il eft étonnant que fon zèle à cet égard n'ait pas été plus éclairé. Je fais profeffion de refpecter fes décifions théologiques, & je m'y foumets quelles qu'elles foient; mais dès qu'elle parle Philofophie, elle confent dès-lors à être affujettie comme tout autre au tribuhal de l'évidence. Les Théologiens font juges de la foi révélée, & les Philofophes de la foi raifonnée. Les Théologiens & les Phi-

Philofophes s'égarent fouvent dans leurs raifonnemens fur les matiéres qui font de leur reffort : Mais la certitude des dogmes de la foi révélée eft affurée par l'infaillibilité de l'Eglife, & la certitude des vérités philofophiques par l'évidence. C'eft l'évidence de la Théologie naturelle qui conduit à la certitude de la foi révélée & de l'infaillibilité de l'Eglife. L'évidence eft donc le principe de la certitude des vérités humaines & divines. Or, l'évidence confifte dans l'obfervation de nos propres fenfations. Nous n'avons d'idées intuitives que de nos fenfations mêmes, & nous ne parvenons aux autres connoif-

I 6

fan-

fances que par les idées indicatives que nous procurent nos fenfations. Ces vérités primitives
qu'on ne me conteftera pas, ou
qu'on me contefteroit fans fuccès,
nous guideront avec précifion
dans l'examen de la queftion
dont il s'agit.

Dans l'ordre naturel l'ame reçoit fes fenfations par l'entremife
des organes des fens; mais on
ne peut reconnoître ces organes
que comme caufes conditionnelles des fenfations, & non comme caufes efficientes, parce que
nous ne reconnoiffons dans les
corps aucune puiffance active
qui leur appartienne effentiellement, & par laquelle ils puiffent

agir

agir immédiatement & par eux-mêmes sur notre ame.

Dans l'ordre surnaturel, ou indépendant des organes du corps, comme dans les inspirations, dans les révélations, dans les impressions de la grace, l'ame reçoit des sensations par l'action immédiate de la cause efficiente, de l'intelligence par essence, qui seule a la puissance d'agir sur elle immédiatement, ou par l'entremise des organes des sens. Mais dans tous ces cas les sensations indiquent à l'ame qu'elle est un être sensitif, que sa faculté de sentir n'est qu'une propriété passive qui a une cause distincte d'elle-même, qui agit sur elle, à la-

laquelle elle eſt aſſujettie, qui produit en elle des idées repré-ſentatives d'objets qui exiſtent hors d'elle, & indépendamment d'elle : mais elle découvre entre elle & ces objets des rapports né-ceſſaires, d'où réſulte pour elle le ſentiment intime & lumineux du bien & du mal moral, du juſ-te & de l'injuſte, & des devoirs qui lui ſont preſcrits par la ſageſ-ſe ſuprême.

Je me contente d'expoſer ces vérités primitives ſans approfon-dir davantage, parce que le ſenti-ment intérieur, la raiſon & la piété les reclament ſans ceſſe, & qu'il eſt facile à chacun de s'en convaincre par le témoignage de ſes propres ſenfenfations & de fa confcience.

Des Théologiens, accoutumés à raifonner fur les myftères ineffables de la foi, prétendent que nous avons, comme l'intelligence par effence, indépendamment des fenfations, & de toute affection fenfitive, des idées qui font la fource de nos connoiffances fondamentales. Ils affurent, par exemple, que nous avons des idées innées de Dieu, du jufte & de l'injufte abfolu &c... Pour le prouver, ils nous difent que ces réalités exiftent, & qu'elles exiftent de toute éternité : mais ils n'apperçoivent pas qu'ils n'établiffent leurs preuves que par des idées indicatives que leur fourniffent leurs fenfations. Ainfi le bruit du tonnerre prouve l'exiftence d'une caufe que nous appellons tonnerre, dont nous ne connoiffons point la forme; mais de l'exiftence de laquelle nous fommes évidemment affurés par le bruit que nous entendons. Occupés de l'idée inintelligible qu'ils cherchent & qu'ils prétendent nous prouver, ils n'appercoivent pas non plus que c'eft feulement une réalité dont ils nous prouvent l'exiftence, au lieu de nous montrer l'idée même de cette réalité; & qu'encore ils ne prouvent cette exiftence que par des idées indicatives que leur fourniffent leurs fenfations. Dans

cette

cette apperception confuse ils raisonnent ainsi: Nous sommes assurés avec évidence, qu'indépendamment de nos sensations, Dieu
existe de toute éternité: donc
il est évident aussi qu'indépendamment de nos sensations, nous
avons une idée innée de Dieu.
Cette conséquence postiche n'en
impose point à ceux qui suivent
la marche de l'esprit qui forme
un tel raisonnement: car ils n'apperçoivent point cette prétendue
idée innée de la chose qu'on leur
a prouvée, & ils sont assurés, par
l'exposition même des preuves,
qu'on ne l'a connuë que par les
sensations. Comment admettre
pour idées innées, le résultat abstrait

ſtrait & confus des connoiſſances qu'on a acquiſes, & au moyen deſquelles on eſt arrivé par degrés à la certitude ?

Ce ne ſeroit donc que par des articles de foi révélés que les Théologiens pourroient réduire les Philoſophes à reconnoître des idées innées, & indépendantes des ſenſations & de l'évidence.

Mais ſi nos connoiſſances primitives n'étoient que des inſtructions ineffables de foi, reçües par le miniſtère extérieur, elles ne ſeroient plus diſtinguées des fauſſes croyances, parce qu'elles ne ſeroient plus aſſujetties à l'évidence qui nous conduit à la certitude des vérités révélées. Les

Théo-

Théologiens n'ont donc pas le droit de déterminer la certitude de nos premiéres connoiſſances, & de les réduire, contre toute évidence, à des idées inintelligibles.

Ainſi nous devons penſer que la Faculté de Théologie de Paris n'a pas prétendu aſſujettir l'évidence des vérités philoſophiques à l'autorité de ſes déciſions, encore moins à ſes abſtractions idéales, & à des opinions particuliéres, qu'on doit regarder comme fort déplacées dans une cenſure Théologique.

Mais on voit qu'elles y ſont ſoutenües pour combattre des idées qui paroitroient peut-être

favo-

favoriſer moins la croyance de quelques dogmes révélés. Cependant ce n'eſt pas là l'uſage qu'on doit faire en Théologie des connoiſſances philoſophiques.

Les motifs de crédibilité ſont établis, non ſur des opinions hazardées, mais ſur des démonſtrations philoſophiques qui prouvent avec évidence la certitude de la Révélation, de l'infaillibilité de l'Egliſe, & la ſainteté de la Morale Chrétienne. En vain prétendroit-on d'accorder dans le détail la croyance des dogmes particuliers de la révélation avec les connoiſſances philoſophiques. Il eſt même dangereux de ſoutenir que cet accord ſoit utile pour

ap-

appuyer cette croyance.

La plupart des dogmes particuliers contiennent des vérités contradictoires aux connoissances philosophiques les plus évidentes, & les plus essentielles aux hommes pour leur conservation & la régle de leur conduite dans l'ordre œconomique, civil & politique. Cependant, ce sont ces connoissances elles-mêmes qui nous fournissent tous les motifs de crédibilité, par lesquels nous sommes assurés avec évidence de la vérité de notre Religion. Toutes les opinions particuliéres, purement philosophiques, quoique plus ou moins favorables à la croyance des dogmes révélés,

n'y

n'y ont cependant aucun rapport
direct, puisque l'évidence même,
bornée à l'ordre naturel, n'influe
point fur les dogmes particuliers.
Mais fi ces fortes d'opinions at-
taquent les motifs de crédibilité,
elles ne peuvent être combattües
que par l'évidence, & non par
l'autorité. Autrement la certitude ou l'incertitude de toutes les
Religions foutenües par l'autorité feroit égale, & de telles Religions ne pourroient exiger une
croyance fincère, parce qu'elles
interdiroient tout examen, toute évidence & tout motif de conviction.

De

De la Liberté & de l'Intérêt.

J'Ai peu de chofes à ajouter fur ce fujet à ce qu'a dit l'Auteur de la lettre au Journalifte ; car la liberté n'eft certainement, comme il l'a définie après toutes les écoles, que *le pouvoir qu'a l'ame de délibérer pour fe déterminer avec raifon.* Le Journalifte dira-t-il que c'eft le pouvoir de délibérer pour fe déterminer fans raifon ? Il paroît que tel eft fon fentiment ; car il affûre qu'en fuppofant une intelligence éclairée fur fon intérêt bien entendu, *il n'y auroit jamais de choix véritable.* La lumière felon lui interdit

donc

donc la contrariété des volontés indécifes qui engagent à délibérer. Ainfi il faut être aveugle pour être libre ; dès qu'il y aura lumière, il n'y aura plus de liberté. Pour nous prouver cette idée finguliére, le Journalifte nous affure *que deux hommes également éclairés choifiroient toujours de la même façon.* Mais pourquoi chercher deux hommes ? il fuffit d'envifager feulement un même homme dans la vivacité des appetits, & dans l'état de fatiété, dans la violence des paffions, & dans le calme, pour juger fi avec le même degré de lumiére, il fe décidera toujours pour le bien fans des fecours furnaturels.

Dans

Dans l'hypothèse d'une intelli-gence éclairée, dit le Journaliste, *la volonté ne s'égareroit jamais.* En effet, si l'on suppose un homme sans passions d'aucune espèce, & auquel la droite raison fasse voir constamment & vivement dans toutes les circonstances son inté-rêt dans la pratique de ses de-voirs, sa volonté ne s'égarera ja-mais, & il n'en sera pas moins libre. Il aura toujours *le pouvoir de délibérer pour se déterminer a-vec raison; & l'exercice de sa li-berté sera toujours régulier,* par-ce qu'il sera dirigé *par son intel-ligence éclairée sur son intérêt bien entendu.*

On ne peut voir sans étonne-

　　　ment

ment combien de petites rufes employe ce Journalifte pour défigurer l'endroit dont il eft queftion. Il fupprime le mot *régulier*, qu'on joint à celui d'exercice de la liberté; il en fait de même de l'épithète *bien entendu*, qui caractérife le mot d'*intérêt*. Et c'eft ainfi que ce Prêtre critique en ufe ordinairement. Croit-il donc honorer fon état & fa fonction par ces fupercheries fubalternes?

Tous les Moraliftes conviennent que les hommes font déterminés à toutes leurs actions par un intérêt quelconque. *L'Auteur de l'Efprit* en conclut que le grand art du Légiflateur eft d'intéref-

téreffer les hommes à l'obfervation des loix & à ces facrifices
apparens de l'intérêt perfonnel,
auxquels les peuples & la patrie
doivent fouvent leur conferva-
tion & leur bonheur. Mais le
Journalifte prétend que *le prin-*
cipe de l'intérêt eft irréligieux &
frivole, & que les hommes doivent fe conduire par des motifs
qui ne foient pas intéreffans. Il
faut donc qu'il ait la bonté de
nous expliquer quels font ces motifs indifférens, ces motifs qui ne
font pas des motifs.

Notre foible raifon ne conçoit pas
quels peuvent être des motifs qui
n'ont nul objet d'amour, ou nul
intérêt de haine, d'efpérance, de

crain-

crainte, de délectation, de rétri-
bution, d'attrait pour la vertu,
pour l'honneur, & pour la gloire; d'aversion pour le vice, le
mépris & l'infamie.

Surement les Législateurs igno-
rent cette Métaphysique. La sanction des loix positives n'admet
que des idées sensibles, que des
motifs intéressans. Et la Loi naturelle même ne seroit-elle pas
inefficace, si le grand Législateur
ne lui avoit pas assuré une *dot* ?
Mais ces idées du Journaliste sont
trop visiblement éloignées de la
raison pour nous y arrêter plus
longtems.

De

De la Persécution.

L'*Auteur de l'Esprit* s'élève contre la persécution avec une force qui mérite la reconnoissance de tous ceux qui ont quelque sentiment humain. Après avoir fait une peinture auſſi touchante que vraie des maux qu'un zèle aveugle & barbare a fait aux hommes dans les différentes Religions, il s'écrie; » Quel hom-
» me vertueux & quel Chrétien,
» ſi ſon ame tendre eſt remplie
» de la divine onction qui s'ex-
» hale des maximes de l'Evangi-
» le, s'il eſt ſenſible aux plaintes
» des malheureux, & s'il a quel-

» que-

» quefois effuïé leurs larmes, ne
» feroit point à ce fpectacle tou-
» ché de compaffion pour l'hu-
» manité!

Ce font là, dit le Journalifte, *les nuances d'une haine profonde contre le Chriftianifme, c'eft le vœu d'une indifférence totale en matière de Religion.*

Il faut que le droit d'égorger ceux qui ne penfent pas comme lui foit bien cher à ce Critique, pour qu'il ofe fe faire l'apologif-te de cette fureur qui a tant fait gémir les peuples, & n'a pas même épargné les Rois, les E-tats, les tribunaux fouverains.

Ce font ces perfécutions fédi-tieufes qui ont excité dans les

Na-

Nations tant de troubles, de re-
voltes, de guerres, de maſſacres,
d'incendies, de pillages, d'uſur-
pations, & pour leſquelles les
Chefs de l'Egliſe & le Clergé
marquent aujourd'hui tant d'é-
loignement. L'idée de la Loi naturelle, de la juſtice divine impri-
mée dans le cœur de tous les hommes, peut-elle donc ſe concilier
avec ce zèle, & cette piété effré-
née qu'on impute à la Religion,
& qui ſont incompatibles avec
elle? Ce fanatiſme déteſtable ne
détruit-il pas toute idée de Religion & d'équité? On ne peut
l'appuyer ſur d'autre titre que
celui de la ſoumiſſion qui s'arra-
che par la violence, & ce droit

K 4

af-

affreux ne peut s'exercer que par le double crime de celui qui perfécute & de celui qui obéit. Mais les bons gouvernemens font avertis de fe précautionner contre la perfécution par les maximes mêmes enfeignées dans les Etats où elle régne, & par les effets terribles de la perfécution dans ceux où les différentes Religions s'attribuent le droit de perfécuter.

La violence de la perfécution n'eft point une prérogative particuliére de la vraie Religion, & c'eft fous ce point de vuë que la politique civilé doit l'envifager.

Les Jurieu & les Bossuet reclamoient également le droit de

per-

perſécution, & ſollicitoient également la puiſſance temporelle à
perſécuter. Sous le régne d'*Elizabeth* on perſécutoit les Catholiques en Angleterre; en France
on perſécutoit les hérétiques.
Là on perſécutoit l'ancienne Religion; ici c'étoient les nouvelles
opinions: les uns blâment la conduite d'*Elizabeth*, les autres déſ-
aprouvent celle de *Charles neuf.*

Il n'y a point de Juges ſur la
terre pour décider du droit ex-
cluſif de perſécuter, c'eſt la loi du
plus fort. Toutes les Religions
enſeignées ſe l'attribuent : mais
cette prétention injuſte eſt par-
tout anéantie par cette loi d'équité & de paix qu'aucune Religion

K 5

n'on'oſeroit rejetter, & ſur laquelle elles s'appuient toutes , parce qu'elle eſt la Juriſprudence uni- verſelle , la Religion divine in- timée à tous les hommes. L'inté- rêt des Puiſſances temporelles , & ſurtout des Miniſtres des Reli- gions , de ſombres préjugés inſ- pirés par des paſſions féroces , l'i- gnorance ſuperſtitieuſe des Peu- ples , voilà les motifs odieux de la perſécution dans toutes les Re- ligions. On les décore du beau nom de zèle ; mais leurs effets terribles ſont auſſi étrangers à la ſaine politique qu'à la bonne mo- rale & à l'humanité.

Ceux qui établiſſent la toléran- ce politique, dit l'emporté JURIEU,

ne

ne vont pas moins qu'à ruiner les principes du véritable Chriſtianiſme…. à mettre tout dans l'indifférence, & à ouvrir la porte aux idées les plus libertines. Qui ne croiroit que c'eſt le Journaliſte de Trevoux qui parle? Mais ce Miniſtre avoit-il donc oublié la Religion univerſelle de tous les Gouvernemens, cette loi des loix énoncée dans les loix poſitives, qui reprime le vice dans chaque païs conformément à la politique & à la ſaine morale? Etoit-ce pour affermir le Chriſtianiſme ou pour reprimer le libertinage que la Religion Catholique & la Reformée s'entreperſécutoient en France & en Angleterre? M. Bos-

K 6

SUET

SUET & M. JURIEU, qui fondoient chacun de leur côté fur de tels principes la néceffité de l'intolérance civile, pouvoient-ils fe flatter d'en impofer aux Légiflateurs? Ce n'eft pas fur de telles vûes qu'on établit les loix politiques néceffaires pour maintenir le bon ordre & arrêter les progrès du vice. Qu'on life les préambules de ces loix, on verra qu'elles ont toutes pour bafe la Loi univerfelle & divine qui éclaire tous les hommes. C'eft elle qui dicte aux Légiflateurs les régles mêmes qui modifient, felon la conftitution des Etats, le Gouvernement des Religions particuliéres qui y font établies. Ce n'eft pas par l'in-

tolé-

tolérance & la perfécution qu'en
Hollande, en Dannemarck, en
Pruffe, dans les Etats de l'Impé-
ratrice &c. le Gouvernement régle les mœurs, entretient la paix
de Religion & la tranquillité publique, infpire aux fujets l'atta-
chement, la fidélité & le zèle
pour leurs Souverains & leur patrie.

L'obfervation des préceptes de
la Loi divine, commune à toutes
les Religions, foutenüe de l'autorité des loix civiles, ne fuffit-
elle pas pour concilier toutes les
Religions & les contenir dans l'ordre qui leur eft prefcrit? Mais
pour les contenir furement, le
Gouvernement doit ne pas tranf-
greffer

greffer lui-même cette loi, en violentant les croyances particuliéres par des outrages qu'elle profcrit, & qui revoltent l'humanité. Chez les Peuples qui ne profeffent pas la Religion Catholique, il n'y a de vraie Religion que la Religion naturelle. Ceux qui prétendent que les fauffes Religions font néceffaires chez ces Peuples pour les affujettir plus furement au Gouvernement politique, foutiennent une opinion dangereufe que nous ne devons pas déveloper. S'ils difoient que ces fauffes Religions font peut-être inévitables, que les hommes en général ne font pas affez inftruits pour s'élever jufqu'aux con-

noif-

noiffances intellectuelles de la Religion naturelle, leur opinion feroit mieux fondée. La pieté envers l'Etre fuprême, vivement infpirée à tous les hommes, a befoin pour la plûpart d'être fixée par des objets fenfibles auxquels ils adreffent leur culte. Le Gouvernement voudroit en vain contrarier ces pratiques dans les païs où elles font établies ; de même que les Apôtres de la vraye Religion révélée s'occupent avec zèle à étendre les lumiéres de la foi, les Légiflateurs juftes & éclairés s'appliquent à affujettir les hommes & leurs erreurs à la morale divine, qu'ils reconnoiffent par leur fentiment interne. Au

moyen

moyen de cette sage conduite, le pouvoir souverain, qui n'est ni juge des décrets de Dieu ni dispensateur des moyens nécessaires pour le salut des hommes, ne violente point les consciences, & ne porte point un trouble cruel dans les sociétés politiques.

La Religion Catholique, quoiqu'elle ait le droit réel d'éclairer tous les Royaumes du monde, n'a donc pas le droit d'établir, ni de maintenir par la violence la puissance qu'elle tient de Dieu. La politique peut encore moins s'arroger le droit de régner sur la conscience des hommes. Il n'y a aucun cas dans lequel l'une ou l'autre de ces deux puissances ait

le

le droit d'attaquer tyrannique-
ment jusques dans le for intérieur
la croyance religieuse qui domine
les consciences.

Nous ne rapportons pas à la persécution la sanction des loix positives, qui dans des vûes sages régle
le culte extérieur & les instructions
de la Religion dominante, qui ex-
clut toute autre Religion des char-
ges & des emplois; nous ne la con-
fondons pas avec cette fureur qui
veut forcer les hommes à changer
de Religion, ou à se prêter à des
pratiques sacrilèges, qui prive de
leurs biens, & même de la liberté de s'expatrier, ceux qui veulent jouïr de l'exercice entier de
leur croyance. Une sévérité qui

for-

force les hommes à se livrer à un culte qu'ils croyent faux, ne peut s'allier sincérement avec l'esprit d'aucune Religion, & encore moins avec celui de la vraye Religion, qui déteste l'indignité d'un culte perfide. Cette conduite inhumaine & sacrilège ne peut que prouver l'indifférence totale de Religion dans ceux qui l'enseignent & l'administrent. D'ailleurs si la puissance Ecclésiastique entreprenoit d'étendre sa jurisdiction sur le temporel des Souverains, ce qui est une suite du droit prétendu de la persécution, elle forceroit la politique des Etats à recourir aux moyens les plus surs pour se garantir de ces entreprises

ſes injuſtes, & pour délivrer les
ſujets d'un abrutiſſement ſuperſti-
tieux, qui eſt la ſource des déſ-
ordres qu'on doit craindre d'un
zèle barbare & déréglé.

Des Paſſions & de la Légiſlation.

LE Journaliſte profite de la
ſignification triviale du mot
de *paſſions*, qui parmi le peuple
ſignifie des vices, & dans ce ſens
il lui eſt très aiſé de décrier les
idées de *l'Auteur de l'Eſprit*. C'eſt
de la même maniére qu'il abu-
ſe des mauvais ſens qu'on peut
donner aux termes, *ſenſibilité phy-*
ſique, *intérêt*, *plaiſir*. Ces mots
tra-

traduits par ceux de senfations, d'affections, de défir du bonheur, de délectation, feroient rentrés dans un langage plus particulier, & moins propre à fe prêter à l'infidélité & à l'amertume de fa cenfure. Les Lecteurs éclairés ont envifagé dans le livre *de l'Efprit* l'ufage des paffions prifes dans le fens philofophique & dans les différens points de vûe fous lef- quels l'Auteur les repréfente; pre- miérement fous l'afpect général qui affujettit l'ufage des paffions à tout le fyftême de l'Auteur, c'eft-à-dire qui affujettit dans l'or- dre politique les paffions à de bonnes loix. Or de bonnes loix, comme nous l'avons déja dit,

ont

ont un type par lequel elles font jugées bonnes : c'eſt-là le principe général de l'Auteur & le but viſible qu'il ſe propoſe dans ſon ouvrage. On peut lui reprocher des égaremens dans les détails, rélativement à quelques paſſions voluptueuſes dont il a trop exalté les avantages dans la ſociété. Sans doute il eut mieux fait de ne rendre tranſparent en aucun endroit le voile de la pudeur, & de reſpecter l'idée honorable attachée à la continence. Cette idée ſublime nous avertit ſans ceſſe que l'acte de l'amour, ainſi que les autres fonctions animales, boire, manger, dormir, auxquelles l'Auteur de la Nature a aſſujetti

jetti tous les animaux, ne font que des fonctions honteufes & brutales qui confondent avec les bêtes l'homme qui ne les envifage pas avec dégout & avec mépris. C'eft donc ménager mal notre dignité que de parler trop naturellement & fans répugnance du plaifir de l'amour.

On pourroit cependant être furpris que l'opinion ait attaché la honte à l'amour, & l'honneur à la cruauté. On pourroit demander fi le plaifir de l'amour, affujetti à l'ordre moral & politique, doit être regardé comme une paffion honteufe? fi l'attrait de la cruauté, même permife par

les

les loix (a), est une passion plus noble & plus digne de l'humanité? & si les effets de l'amour ne peuvent pas être aussi avantageux à l'ordre politique que les effets de la cruauté?

Au reste quels que soient à cet égard

(a) Je crois les spectacles très dangereux, & surtout celui dans lequel une musique molle amène des danses lascives & se joint à tout l'appareil de la volupté. Cependant j'aimerois mieux assister à un *Opéra* qu'à un *Auto da fé* : j'estimerois plus un Prêtre qui auroit fait un hymne à l'amour, que celui qui auroit allumé un feu d'Inquisition, ou bien invoqué l'autorité contre ceux de ses frères qui n'admettent pas les idées innées.

égard les motifs de l'opinion (*b*), il est certain que, si *l'Auteur de l'Esprit* approuve le déréglement dans la passion de l'amour, il contredit le principe général qu'il établit comme le plus solide fondement de l'ordre politique. Mais le principe n'en doit pas moins être regardé comme la régle à la-

(*b*) L'opinion sévère dans laquelle on est, & avec raison, sur l'amour, n'a cependant pas toujours été si dominante. Les concubines d'un ordre imposant, confonduës avec les épouses jusqu'à *Henri III.* Roi d'Espagne, font une preuve qu'il y a eu des tems de tolérance pour un amour même licentieux mais réglé. Ce Prince ordonna en 1405. qu'elles mettroient une marque à leur coëffure.

laquelle l'ufage des paffions doit être affujetti, & par laquelle l'Auteur peut être jugé lui-même dans fes écarts. Il eft donc vrai que ce n'eft pas par le principe moral confidéré dans l'ordre politique, que la théorie de l'Auteur eft repréhenfible fur l'ufage des paffions.

Secondement on envifage la puiffance phyfique des paffions, rélativement à leur utilité dans la fociété, & au principe fondamental qui en doit régler l'ufage.

Les idées de l'Auteur fur les avantages de la force des paffions peuvent effaroucher au premier afpect la fageffe des lecteurs peu verfés dans la fcience politi-

L   que.

que. Mais quand on reconnoit qu'il ne s'agit que de l'emploi des hommes placés avec discernement pour opérer de grandes actions, quand on voit que de l'exercice de leurs passions dépend souvent le salut de la société, & qu'il doit être borné à l'usage que le Gouvernement lui désigne, on ne peut, dans les vües politiques, désaprouver les éloges que l'Auteur donne aux grandes passions, aux passions héroïques & supérieures qui élèvent les hommes au plus haut degré de courage, de capacité, d'ardeur & de vertu dans leur état.

Troisiémement, les passions sont considérées dans l'état de cor-

rup-

ruption & de déréglement. Les détails en pourroient paroître scandaleux, si on ne les considéroit pas dans le point de vüe qui doit intéresser la politique. C'est cependant cette manière de les envisager qui conduit à découvrir les mauvaises loix qui font les causes politiques de ces déréglemens, & à observer les funestes effets qui en résultent. Mais un Critique mal intentionné trouve dans cette exposition bien de l'avantage pour rendre un Auteur odieux. Il y réussit aisément en déguisant son plan, en supprimant ses vües, en bouleversant ses idées, en formant par de petites phrases détachées un systê-

me

me inique auffi étranger au fentiment de l'Auteur que digne de l'efprit de perfécution qui anime le Journalifte. Les traits hiftoriques qu'on reproche ici à *l'Auteur de l'Efprit* ne fe rapportent point à fes principes dans les conféquences que le Critique veut en tirer. S'il y a eu de l'imprudence à les citer, parce qu'ils font moins connus que les révolutions de la Hollande, de la Suiffe, & d'autres événemens femblables arrivés en Europe dont on parle tous les jours, ils n'ont pas le même afpect; ils tiennent à des Peuples fort éloignés, qui ont des mœurs & des gouvernemens parfaitement étrangers à ceux que

nous

nous connoiſſons. Mais les accuſations du Journaliſte en ce genre ſont au moins imprudentes, &
pourroient être ſuſpectes. Le dé-
lateur eſt trop recuſable.

On ne peut attribuer à *l'Auteur de l'Eſprit* d'autre intention
dans les récits hiſtoriques dont il
s'agit, que celle qui tend au but
qu'il ſe propoſe explicitement,
c'eſt-à-dire, de prouver la force,
ou ſi l'on veut, le fanatiſme des
paſſions. En effet voudroit-on
ſuppoſer que des récits tirés de
l'hiſtoire ancienne de Nations é-
trangères, qui ont leurs conſti-
tutions, leurs Religions, & leurs
coutumes particuliéres, tendent à
attaquer indirectement l'autorité

L 3   du

du Prince auquel on eſt ſoumis?
Cette ſuppoſition eſt-elle vrai-
ſemblable? & peut-elle être attribuée au zèle du Journaliſte?

Il ſuffit d'obſerver que des récits qui ſeroient tirés même de
l'hiſtoire des différentes Nations
de l'Europe, par exemple, de
l'Angleterre, de la Pologne, de
la Suède, de l'Eſpagne, n'auroient
aucune rélation exacte d'un gouvernement à l'autre, par rapport
à l'autorité Royale. Le droit politique ne confond point le Prince avec la Souveraineté.

HOBBES, dit Mr. HUBNER, »déduit
» l'illuſtre droit des Souverains, ce
» droit immenſe qu'ils ont de com-
» mander à leurs ſemblables en der-
» nier

» nier reſſort de la ſeule ſupériorité
» de forces, ou, ſuivant ſon langa-
» ge, d'une puiſſance irréſiſtible.
» *Cette ſupériorité de puiſſance don-*
» *ne*, dit-il, *le droit de régner, par*
» *l'impoſſibilité où elle met les autres*
» *de réſiſter à celui qui a ſur eux*
» *un tel avantage.* N'eſt-ce pas con-
» fondre viſiblement la ſouverai-
» neté avec l'uſurpation, les droits
» inviolables des Souverains avec
» les exactions des brigands? Car
» ſi la propoſition étoit vraye, que
» celui auquel il eſt impoſſible
» aux autres de réſiſter, eût par
» cette ſeule raiſon le droit de leur
» commander en dernier reſſort,
» il s'enſuivroit inconteſtable-
» ment que chacun auroit le droit

L 4

» d'en-

» d'envahir les biens, les poſſeſſions
» ou les Etats de tout autre, dès
» qu'il ſe trouveroit aſſez fort pour
» le faire. Les droits des Souve_
» rains deviendroient nuls ; ce ne
» feroit que des chimères ; le pre-
» mier uſurpateur les poſſéderoit
» légitimement, juſqu'à ce qu'il
» en fût dépouillé à ſon tour par
» un autre, qui en jouïroit avec
» la même légitimité & la même
» incertitude….. Si une puiſſance
» irréſiſtible ſuffiſoit à l'établiſſe-
» ment d'une Souveraineté légi-
» time, les ſujets ſeroient obligés
» à ſe ſoumettre de bon gré à cha-
» que uſurpateur, vainqueur de
» leur Souverain. Le ſerment de
» fidélité & l'hommage prêtés à
» ce-

» celui-ci ne feroient point obli-
» gatoires ; les droits des Souve-
» rains feroient anéantis ; l'obéif-
» fance des fujets & l'autorité des
» Souverains n'auroient jamais eu
» un état fixe ; nulle confiftence
» dans les Gouvernemens ; nulle
» félicité parmi les citoyens, les
„ uns & les autres fe trouveroient
„ également malheureux. Or la
„ raifon, l'équité, & toute l'hu-
„ manité fe foulèvent contre de
„ telles conféquences : Il faut donc
„ que le principe ou la fource d'où
„ elles découlent fi naturellement,
„ ne vaille pas grand' chofe.

„ HOBBES ne s'égare pas moins
„ quand il s'agit de fixer la natu-
„ re de la fouveraineté. Il pré-

L 5   » tend

„ tend que *le pouvoir souverain &*
„ *le pouvoir absolu* sont des ter-
„ mes synonimes, & que tout
„ Souverain est absolu, par ce-
„ la seul qu'il est Souverain. J'ap-
„ pelle pouvoir absolu, dit-il,
„ *le plus grand pouvoir que les*
„ *hommes puissent donner sur eux à*
„ *un autre homme. Car quiconque a*
„ *soumis sa volonté à la volonté de*
„ *l'Etat, enforte qu'il lui a donné*
„ *le pouvoir de faire impunément*
„ *ce qu'il veut, celui-là, sans con-*
„ *tredit, lui a conféré la plus gran-*
„ *de autorité que l'on puisse accor-*
„ *der à quelqu'un.*

„ Sans doute : mais y a-t-il ja-
„ mais eu des êtres raisonnables
„ qui ayent accordé à quelqu'un
» le

» le pouvoir de faire tout ce qu'il
» voudra fuivant fa fantaifie ou
» fes caprices? Et s'il y a eu des
» hommes capables d'un tel aveu-
» glement, ont-ils eux-mêmes le
» pouvoir de donner à quelqu'un
» un droit femblable fur eux? Je
» ne dis rien de ce que la politique
» enfeigne au fujet de la fouve-
» raineté & de la différence mar-
» quée qu'elle met entre le pou-
» voir fouverain, abfolu & limi-
» té. Elle appelle fouveraineté *ab-*
» *folüe* la fouveraineté dans toute
» fon étendue, telle qu'elle réfi-
» doit originairement dans le Peu-
» ple, & *limitée* celle qui eft bor-
» née ou modifiée par les loix
» fondamentales de l'Etat. Cette

L 6

» ob-

» obfervation fuffit déja pour dé-
» truire les propofitions d'HOB-
» BES, puifqu'elle fait connoître
» que tout pouvoir fouverain n'eft
» point abfolu.

C'eft fous ce point de vûe qu'il faut envifager la fouveraineté; alors on appercevra que les traits hiftoriques refultans des conftitu-tions particuliéres des différens Gouvernemens ne peuvent avoir aucune rélation directe à l'auto-rité Royale, en général, ni en particulier, furtout lorfque la ci-tation des faits a manifeftement un autre objet; puifque l'autori-té Royale elle-même n'eft pas par-tout purement Monarchique, & qu'elle eft différemment limitée

dans

dans les différens Gouvernemens ; puisque le titre de Prince ou de Roi n'est pas synonime avec celui de Monarque. Un fait historique rélatif, par exemple, au gouvernement de Pologne, où le Peuple est plus asservi aux Grands qu'au Roi, aura - t - il du rapport avec la Monarchie Françoise ? Malheur à ceux qui voudroient insinuer qu'un Auteur en citant ce fait aura eu quelqu'intention indirecte & mauvaise contre l'autorité souveraine à laquelle il est soumis ! Cependant le Théologien de M. l'Archevêque de Paris, dans le Mandement sur le livre *de l'Esprit*, saisit sans ménagement une telle imputation

pour

pour attribuer ouvertement à l'Auteur des principes féditieux, & pour décrier la Philofophie du fiècle. *Elle accoutume*, dit-il, *ceux qui s'y livrent à difcuter les droits des Puiffances.* Mais quand deux Puiffances veulent dominer dans un Etat, ne faut-il pas que les fujets connoiffent le Souverain légitime auquel ils doivent obéir ? Faut-il qu'ils fe laiffent féduire par l'artificieux fyftême du depoftifme Eccléfiaftique, que le Journalifte & le Théologien de M. l'Archevêque de Paris défendent vivement contre les principes du livre *de l'Efprit* ? » Ce n'eft pas, dit-on dans le Mandement déja cité, » que les loix humaines,

» la

» la Politique, la Jurisprudence
» ne puissent & ne doivent aussi
» concourir au Gouvernement des
» hommes; mais ces moyens doi-
» vent toujours être subordonnés
» à la Religion : ces moyens font,
» sans la Religion, pleins d'arti-
» fices, d'inutilités, de dangers
» même à mille égards. ✓

Ces droits, ce pouvoir, cette Jurisdiction Ecclésiastique sur la législation, sur la souveraineté, & sur la personne des Souverains, sur les propriétés & sur la vie des sujets, sont établis déja par des Canons, par des Bulles, par des Décrets Apostoliques de toute classe. Cet amas de prétentions illégitimes est compilé & commenté

menté par des Auteurs auxquels on peut appliquer ces paroles d'OMAR : *Puiſſans ſans ſujets ; ſujets ſans Souverains.*

Voilà ces défenſeurs de l'autorité ſouveraine qui lancent des anathêmes contre les ſçavans qui examinent les droits des Puiſſances légitimes & illégitimes. C'eſt l'Evangile, nous dit-on, qui eſt le fonds de toute légiſlation. C'eſt lui qui accorde à St. PIERRE les deux glaives pour le gouvernement temporel & ſpirituel des Nations. Mais comment juge-t-on de la ſainteté de la morale de l'Evangile ? N'eſt-ce pas par ſa conformité avec la Loi univerſelle que Dieu a inſpirée à tous les hom-

hommes ? Il y a dans l'Evangile, des préceptes, des allégories,
des conseils. Les préceptes moraux indispensables y sont établis
sur la Loi universelle, & c'est par
cette loi qu'on les distingue des
conseils : les conseils ne sont
point des régles générales & indispensables : leur observation
est subordonnée à cette loi primitive & à la législation des Souverains, qui a pour objet le bon
ordre & l'avantage des sociétés.
Les expressions allégoriques qui
se prêtent à différentes interprétations, ne peuvent influer dans
la Législation qu'autant qu'elles
sont elles - mêmes assujetties aux
principes évidens du droit naturel.   Ce

Ce font ces principes qui font les premiers fondemens de toute Légiflation coactive, établie par l'autorité temporelle. Vouloir interdire aux fujets la connoiffance des droits des Puiffances, n'eft-ce pas les forcer à ignorer leurs devoirs, à méconnoître la puiffance légitime & abfoluë à laquelle ils doivent obéir, & les livrer aux horreurs du fanatifme & de la fuperftition?

L'expérience oblige à prévenir les excès abominables qui arrivent par la féduction & l'ignorance des Peuples qui méconnoiffent leur véritable Souverain & leurs devoirs les plus inviolables. A Dieu ne plaife que nous impu-

tions

tions au Clergé de France, si respectable par la pureté & la dignité de sa doctrine, des vûes d'usurpation sur l'autorité absoluë du Souverain, & sur les droits de la Nation! Mais celles du Journaliste & du Théologien de M. l'Archevêque de Paris sont trop clairement exposées pour qu'on puisse leur attribuer des intentions aussi pures. On voit assez qu'ils ne saisissent l'occasion du livre *de l'Esprit*, où l'on n'a pas discuté ces matiéres, que pour répandre leurs pernicieuses maximes. Ils voudroient, au grand scandale de la Religion, persuader que tous les Philosophes & les sçavans de nos jours, ne sont que

des

des Athées, des Matérialistes, des Fatalistes, des hommes pervers : Ils le voudroient afin d'établir leur despotisme sur l'ignorance.

Le Journaliste voudroit encore réduire la Jurisprudence à une idée abstraite dont l'interprétation ouvriroit la porte à la séduction ; mais en vain travaille-t-il à décrier cette science primitive qui doit éclairer la conscience & régler la conduite de tous les hommes. On prévoit que ses efforts seront inutiles. Les Docteurs en droit naturel, protégés & soutenus par presque tous les Souverains de l'Europe, régleront mieux nos mœurs que les

le-

leçons dangereufes de ce Journalifte. Leur morale eft févère &
inflexible ; mais elle eft affujettie
à une évidence à laquelle les
hommes raifonnables ne peuvent
fe refufer.

Sans prêter à *l'Auteur de l'Ef-*
prit des intentions odieufes & for-
cées, fans exhaler des maximes
qui tendent à anéantir le droit
naturel, le Journalifte pouvoit
aifément fe maintenir dans fa
fonction d'Ariftarque Chrêtien :
Il pouvoit exercer plus directement & plus fçavamment fa critique fur quelques points de Légiflation que l'Auteur envifage
avec complaifance : il pouvoit lui
reprocher d'avoir fait abftraction

trop

trop entiére des loix religieuses qui chez les différentes Nations bornent le domaine de la Législation civile.

Je n'approuverai pas sans doute les spéculations de *l'Auteur de l'Esprit* sur une loi qui ordonnoit la communauté des femmes, & l'éducation des enfans faite en commun par la République. Ces idées Platoniciennes ont fort exercé l'esprit des Philosophes moralistes. Elles ont même été adoptées en partie par quelques Législateurs, surtout quant à la polygamie & au divorce. La plûpart des auteurs sont même fort indécis sur les avantages & les inconvéniens de ces usages. Ces

pro-

problêmes de légiſlation auroient
pû fournir un vaſte champ à la
critique du Journaliſte, & même ſervir ſon averſion pour la
Philoſophie. Il auroit pû remarquer que les Philoſophes, avec
les meilleurs principes de Légiſlation pour le bien général, n'é-
tabliroient pas toujours les meil-
leures loix, parce que l'inſtitution des loix publiques exige des
connoiſſances de détail qui s'ac-
quiérent plus exactement par les
Juriſconſultes que par les Philoſophes ſpéculatifs. Ces ſpécula-
tions vagues des Philoſophes ſur
les loix & les mœurs des différentes Nations, ne peuvent s'appliquer à aucune Nation en par-
ticu-

ticulier: mais elles n'en fervent pas moins à étendre les vûes du Légiflateur borné à la conftitution d'un Gouvernement. Prefque partout le fyftême de Légiflation s'eft formé fucceffivement par des circonftances qui changent. Ces variations introduifent pendant un tems des loix qui par de nouveaux changemens de circonftances ne peuvent plus fubfifter qu'au préjudice de la Nation. La fcience de la Légiflation s'étend donc plus loin que le fyftême des loix & de la conftitution phyfique & morale d'un pays. L'une & l'autre doivent guider le Légiflateur. Mais le Philofophe fait abftraction de l'une,

l'une, pour se livrer indétermi-
nément à l'autre. C'est pourquoi
le Philosophe & le Législateur,
quoiqu'occupés du même objet,
ne se réunissent point au même
but : ainsi le Philosophe moralis-
te, lors même qu'il traite des
principes de la Législation, ne
doit point être confondu avec
le Législateur, & le Législateur
dans l'institution des loix ne doit
pas être confondu avec le Philosophe fixé à l'étude des moralités rélatives à la Législation.
Mais l'un & l'autre fondent l'institution des loix publiques sur la
nature humaine & sur la loi des
loix ; sur les ressorts physiques des
actions des hommes, & sur la

M

justi-

juftice coëffentielle au bien général de la fociété. Le Légiflateur doit fe conformer dans ce
qu'il prefcrit aux notions effen-
tielles du jufte & de l'injufte. Le
Philofophe doit s'attacher à découvrir les caufes extérieures qui
déterminent l'homme phyfique
à agir, pour indiquer les effets
moraux auxquels le Légiflateur
peut fe promettre avec raifon
d'arriver. Au refte l'obfervation
des loix publiques à laquelle tendent toutes ces fpéculations, dif-
pofe les hommes à l'obfervation
des devoirs particuliers que leur
infpire la Loi naturelle, & que
la Religion leur prefcrit. *L'Auteur de l'Efprit* a fuivi dans fon

ou-

ouvrage le plan que doit se proposer un Philosophe qui a en vûe
la Législation, & il l'a rempli,
sauf les écarts dont nous avons
parlé. A la fin de son livre il réu-
nit les deux tableaux de l'homme
physique & de l'homme moral,
dans un Dialogue entre un père
corrompu par l'ambition & l'a-
vidité des richesses, & son fils
encore assujetti aux sentimens de
la Loi naturelle & divine. p. 640.
L'Auteur fait remarquer avec raison que dans l'éducation les Parens donnent à leurs enfans des
notions vagues de morale & de
vertu qu'ils détruisent par d'autres
leçons sur les moyens de parvenir
aux honneurs & à la fortune.

M 2   » Voi-

» Voilà, dit-il, la source de la con-
» tradiction qui se trouve entre
» les préceptes moraux, que, mê-
» me dans les païs soumis au des-
» potisme, l'on est forcé, par l'u-
» sage, de donner à ses enfans;
» & la conduite qu'on leur pres-
» crit. Un père leur dit, en géné-
» ral & en maxime; *Soyez ver-*
» *tueux*. Mais il leur dit en détail
» & sans le sçavoir : *N'ajoutez nul-*
» *le foi à ces maximes, soyez un co-*
» *quin timide & prudent; & n'a-*
» *yez d'honnêteté*, comme le dit
» MOLIERE, *que ce qu'il en faut*
» *pour n'être pas pendu*. Or, dans
» un pareil Gouvernement, com-
» ment perfectionneroit-on cette
» partie de l'éducation qui consis-
» te

» te à rendre les hommes plus
» fortement vertueux ? Il n'est
» point de père, qui, sans tomber
» en contradiction avec lui-mê-
» me, pût répondre aux argu-
» mens preffans qu'un fils ver-
» tueux pourroit lui faire à ce
» fujet.

» Pour éclaircir cette vérité par
» un exemple, je fuppofe que,
» fous le titre de Bacha, un père
» deftine fon fils au gouverne-
» ment d'une Province ; que, prêt
» à prendre poffeffion de cette
» place, fon fils lui dife : Mon
» père, les principes de vertu ac-
» quis dans mon enfance ont ger-
» mé dans mon ame. Je pars pour
» gouverner des hommes ; c'eft

M 3   » de

» de leur bonheur que je ferai
» mon unique occupation. Je ne
» prêterai point au riche une oreil-
» le plus favorable qu'au pauvre :
» sourd aux menaces du puissant
» oppresseur, j'écouterai toujours
» la plainte du foible opprimé ;
» & la justice présidera toujours
» à tous mes jugemens. O mon
» fils ! que l'enthousiasme de la ver-
» tu sied bien à la jeunesse ! Mais
» l'âge & la prudence vous ap-
» prendront à le modérer. Il faut,
» sans doute, être juste : Cepen-
» dant à quelles ridicules deman-
» des n'allez-vous pas être expo-
» sé ! A combien de petites injus-
» tices ne faudra-t-il pas vous
» prêter ! Si vous êtes quelque-
» fois

» fois forcé de refuser les Grands,
» que de graces, mon fils, doi-
» vent accompagner vos refus !
» Quelqu'élevé que vous soyez,
» un mot du Sultan vous fait
» rentrer dans le néant, & vous
» confond dans la foule des plus
» vils esclaves : la haine d'un Eu-
» nuque ou d'un Icoglan peut vous
» perdre ; songez à les ménager…
» Moi ! Je ménagerois l'injustice ?
» Non, mon père… O, mon fils !
» un fol enthousiasme de vertu
» vous égare : vous vous perdriez,
» & les peuples n'en seroient pas
» plus soulagés. Le Divan nom-
» meroit à votre place un hom-
» me, qui, moins humain, l'exer-
» ceroit avec plus de dureté.…..

M 4

» Oui

» Oui fans doute, l'injuftice fe
» commettroit ; mais je n'en fe-
» rois pas l'inftrument. L'homme
» vertueux chargé d'une adminif-
» tration, ou fait le bien, ou fe re-
» tire ; l'homme plus vertueux
» encore & plus fenfible aux mi-
» fères de fes concitoyens, s'arra-
» che du fein des villes : c'eft
» dans les déferts , les forêts , &
» jufques chez les Sauvages, qu'il
» fuit l'afpect odieux de la tyran-
» nie,& le fpectacle trop affligeant
» du malheur de fes égaux. Telle
» eft la conduite de la vertu. Je
» n'aurois point, dites-vous, d'imi-
» tateurs; Je l'ignore ; l'ambition
» en fecret vous en affure , & ma
» vertu m'en fait douter ... Mais
» fouf-

» fouffrez que je vous interroge
» à votre tour. Si je m'affociois aux
» Arabes qui pillent nos caravanes,
» ne pourrois-je pas me dire à
» moi - même, foit que je vive
» avec ces brigands, ou que je
» m'en fépare, les caravanes n'en
» feront pas moins attaquées :
» vivant avec l'Arabe, j'adoucirai
» fes mœurs ; je m'oppoferai du
» moins aux cruautés inutiles qu'il
» exerce fur le voyageur ; je fe-
» rai mon bien, fans ajouter au
» malheur public. Ce raifonne-
» ment eft le vôtre : &, fi ma
» Nation ni vous-même ne pouvez
» l'approuver, pourquoi donc me
» permettre, fous le nom de Ba-
» cha, ce que vous me défendez
     » fous

» fous celui d'Arabe ? O mon
» père ! mes yeux s'ouvrent enfin:
» Je le vois bien, la vertu n'ha-
» bite point les Etats defpotiques,
» & l'ambition étouffe en vous le
» cri de l'équité. Je ne puis mar-
» cher aux grandeurs qu'en fou-
» lant aux pieds la juftice. Ma
» vertu trahit vos efpérances ; ma
» vertu vous devient odieufe, &
» votre efpoir trompé lui donne le
» nom de folie. Cépendant, c'eft
» encore à vous que je m'en rap-
» porte ; fondez l'abime de votre
» ame, & répondez moi. Si j'im-
» molois la juftice à mes gouts, à
» mes plaifirs, aux caprices d'une
» Odalifque, avec quelle force me
» rappelleriez-vous alors ces maxi-
» mes

» mes auſtères de vertu appriſes
» dans mon enfance? pourquoi vo-
» tre zèle ardent s'attiédit - il lorſ-
» qu'il s'agit de ſacrifier cette même
» vertu aux ordres d'un Sultan, ou
» d'un Viſir? J'oſerai vous l'ap-
» prendre: c'eſt que l'éclat de ma
» grandeur, prix indigne d'une
» lâche obeïſſance, doit rejaillir ſur
» vous: Alors vous méconnoiſſez
» le crime; &, ſi vous le reconnoiſ-
» ſiez, j'en atteſte votre vérité,
» vous m'en feriez un devoir.

   » On ſent que, preſſé par de
» tels raiſonnemens, il ſeroit très
» difficile qu'un père n'apperçût
» pas enfin une contradiction
» manifeſte entre les principes
» d'une ſaine morale, & la con-
» duite

» duite qu'il prefcrit à fon fils.
» Il feroit forcé de convenir qu'en
» défirant l'élévation de ce mê-
» me fils, il a, d'une maniére
» implicite, defiré que tout en-
» tier aux foins de fa grandeur,
» ce fils y facrifiât jufqu'à la juf-
» tice.

F I N.